Dieses Buch ist allen mutigen
Meistern gewidmet, die es gewagt
haben trotz größtem Gegenwind die
Wahrheit und Realität auf dem
Planeten Erde zu verbreiten:

...Jesus, Buddha, Mahavira, Mansoor,
Osho, Bodhidharma, Franz von Assisi,
Jed McKenna, Laotse, Don Juan, Walt
Whitman, Rumi, Gurdjieff und all den
weiblichen Buddhas...

Vorwort

Welcher Mechanismus ist es, der etwas so Einfaches wie Selbsterforschung bis zur Unkenntlichkeit verstümmelt und aufbläht?

Das Ego. Einzig und allein das Ego.

Das ist der Grundkonflikt einer jeden spirituellen Suche: Das Ego sehnt sich nach Erleuchtung, doch die Erleuchtung vermag das Ego nicht zu erlangen. Das Selbst kann kein Nicht-Selbst erlangen. Deshalb muss jeder, der meint, er müsse aus der Erleuchtung ein Geschäft machen, sie erst einmal auf leicht verdauliche Proportionen zurechtstutzen – und etwas daraus machen, was vom Ego sehr wohl erlangt werden kann. Erleuchtung light – weniger Kalorien, mehr Geschmack.

Erleuchtung.

Dieser Grundkonflikt lässt sich nur lösen, wenn man die Gleichung ins Ungleichgewicht bringt. Das ist Betrug, klar, aber jeder fühlt sich wohl damit. Erleuchtung wird neu definiert: als etwas, das vom Ego erlangt werden kann, und nun funktioniert die Gleichung zur Zufriedenheit eines jeden. Das Ego kann seine edle Suche fortführen, und eine blühende spirituelle Industrie kann weiterblühen. Klar, den Heiligen Gral wird auf diese Weise keiner zu Gesicht bekommen, doch wer den Grundkonflikt durchschaut hat, wird feststellen, dass ihn im Grunde auch niemand zu Gesicht bekommen *wollte*. Bei der Suche nach dem Gral geht es um die Suche, nicht um den Gral.

Jed McKenna - Verflixte Erleuchtung - Verlag Edition Spuren

Das Buch:

Aufzeichnungen des täglichen facebook-Satsang
vom 07.12.2013 bis 30.04.2014

Der Autor:

Don Satyam Kathrein:

Autor, Therapeut und Lehrer im Gesundheitszentrum Neo Holistic Institut
in München, ist bekannt aus vielen Fernsehsendungen und
Zeitungsartikeln zum Thema Gesundheit und Bewusstsein. Er gibt
Einzelsitzungen und Seminare und verfügt über eine jahrzehntelange
Erfahrung in den Bereichen Therapie, Energiearbeit und Meditation.
Daraus entwickelt er einen neuen, revolutionären Ansatz, die
Lebensthementherapie.

„Mein Bestreben ist es, Ihnen Heilung von innen zu ermöglichen. Meine
vielen Ausbildungsjahre verhelfen mir zu einer weitreichenden Kompetenz.
Die Erforschung der Seele und deren Nöte führten mich zu einem völlig
neuen Therapieansatz. In meiner Praxis, im Institut, den Büchern und
meinen Seminaren gebe ich diese Erfahrungen weiter."

www.neo-holistic-institut.de
facebook: Don Satyam Kathrein / Satyam Kathrein

Don Satyam Kathrein

TRAUE KEINEM ESO/SPIRI-BESTSELLER

oder

...gegen jeden Quickie im Wolkenkuckucksheim!

Wenn der ZEN-Meister wie Jesus den
Marktplatz fegt +++
Klartext & Coaching = Freiheit

Verlage dienen meist weder der
Wahrheit, der Realität, noch Gott! +++ Es
zählt nur der schnöde Mammon!

Bibliografische Information der Deutschen Nationalbibliothek: Die Deutsche Nationalbibliothek verzeichnet diese Publikation in der Deutschen Nationalbibliografie; detaillierte bibliografische Daten sind im Internet über www.dnb.de abrufbar.

Herstellung und Verlag:

BOD – Books on Demand Norderstedt

ISBN: 978-3-7357-24649

TRAUE KEINEM ESO/SPIRI-BESTSELLER

oder

...gegen jeden Quickie im Wolkenkuckucksheim!

09.12.13

WAS ist DAS Problem?

Sorry, ich kenne mich... ...und da ist noch ein Sein, das ich von ganz früher kenne, eher davon ahne, vermute, als mein Seelensein!
Doch der Weg ins Heute war steinig, teilweise von Enttäuschung gepflastert... und hab´s doch bis hierher geschafft! Das haben nicht alle...

Du musst auf der Erde schauen wo´st bleibst - ich hab´s nicht erfunden...

...habe mit meinem Mann 2 Kinder, habe ihn nie geliebt, aber er zahlt so la la, kümmert sich, schafft mir "Freiraum" - ist trotzdem ein Looser.. stinkt neben mir wenn er schnarcht...

Gebe I Ging-Kurse, tut mir gut... wenn ich rede schauen alle zu mir auf!

Seit der Kindheit habe ich mir meine Gutmensch-Maske antrainiert... doch sie bröckelt... kann sie nicht mehr halten... fühle "Burn out" - Alles Lüge!

Beim Ego-Check wurde mir bewusst, was ich eigentlich eh schon immer wusste... die Tränen rollten und ich wollte endlich reinen Tisch machen!

Bewusst Sein! Eine gute Frau! Gute Kindesmutter! Gute Therapeutin!

Doch als ich die Schwelle zu Hause übertrat, änderten sich meine inneren Abläufe wieder in die altbekannten!!! Alle guten Vorsätze waren plötzlich wie weggeblasen und ich fühlte trotzdem, dass alles so gut und richtig ist!!!

Mein Prägungs-Ich, mein Ego, hat mein System wieder komplett übernommen... Das fühlte sich jetzt super richtig an!
....???!!

> J.K.: ...das Ego kann alles für sich verwerten und benutzen.

> G.N.: ..... und das Ego ist Meister im Vergessen und Verstecken wenn es um seine Machenschaften geht. Es gaukelt Dir alles Mögliche vor - auch wenn vor einigen Stunden, oder Minuten ganz klar war was zu tun ist und die Entscheidung getroffen wurde den Weg der Seele zu gehen........damit das nicht geschieht braucht es viel Disziplin und den Willen sich selber auf die Schliche zu kommen ♥

Satyam Kathrein: Ego zum besten Freund machen? Bullshit, sieht man ja was bei rauskommt! Dagegen kämpfen? Unsinn! Ego erkennen und nicht mehr danach handeln!!!! Ja, das isses ♥ ♥ ♥

09.12.13

JETZT NEU !!!
DAS Weihnachtsgeschenk für den aufrechten Sucher....

...ab diese Woche bei Amazon !!! Das BUCH das BEWEGT!!!

Facebook-Satsang = Klartext von Don Satyam Kathrein

6

11.12.13

...für Fortgeschrittene:

Am einfachsten erklärt es Meister Don Juan bei Carlos Castaneda:
Der Dreh bei der Transformation ist den Montagepunkt, den inneren
Impulsgeber, auf eine neue Energie-Bahn zu verschieben.

Eine Energiebahn, sich selbst neu erfinden. Die alte Energiebahn ist
kontaminiert mit den Traumas der Vergangenheit.

Doch wer noch zu wenig Energie in seinem authentischen Seelensein
gesammelt hat fällt leicht in die alte Energiebahn zurück.

Wer es schafft, den Montagepunkt auf der neuen Energiebahn zu halten -
hat sein Prägungs-Ich, das Ego, überwunden. Ansonsten entmachtet das
Ego den inneren bewussten Beobachter und stellt den Meister-Coach als
Angreifer hin.

Wenn dies dem Ego gelingt wird das Seelensein in diesem Leben nicht
mehr die Oberhand über sich selbst gewinnen... Jedenfalls habe ich das in
den letzten 30 Jahren nicht erlebt...

> L.L.: sehr gut geschrieben. früher hat mein Vater mir verboten diese
> Bücher zu lesen, weil er meinte, dass ich noch nicht "reif" genug für sie
> bin. Heute ...hab ich natürlich schon bisschen mehr "Reife" und freue
> mich, dass hier in Facebook so ein "reifes" Kommentar zu lesen ist...

12.12.13

DAS DJINN-SYNDROM - Der kranke Geist

Wenn man lange genug wie ein Flaschengeist in der Flasche gelebt hat möchte man nicht mehr hinaus, zu spät!!!

Früher wurde man von der Traumatisierung eingeschüchtert und hat sich ins eigene System zurückgezogen, lässt seitdem das Überlebens-Masken-Ich, das Ego schalten und walten...

...heute herrscht keinerlei Bedrohung, man steht selbst vor seinem Gefängnis und achtet darauf, dass man nicht mehr hinausgeht, zu spät!!!

Unterstützt vom Ego und dem eigenen Dickkopf lehnt man Nestwärme, Liebe, wahre Freundschaft etc. ab - Wenn man einem "Freund" Dinge antut die gegen die menschlichen Werte verstoßen und der darüber enttäuscht ist - nur diese Art tut einem dann noch so richtig gut.... und von diesen Zeitgenossen gibt es viele, viele, viele...

12.12.13

HOH HOH HOH:
Da WEIHNACHTSMANN is do !!!

"Trotz Rentier-Shit und Blas-Orchester - holt Euch den HOT-SPOT als e-book oder Hard-Core-Cover !!!"

Das Weihnachts-Geschenk - Das BUCH: facebook - SATSANG = Klartext von Don Satyam Kathrein - Grandmaster of Alchemy
ISBN: 9783732293506

13.12.13

Das HERR DER RINGE - SYNDROM

...ach Du, so auf Halbmast, versucht mein Therapie-Ding zu machen, sollen die mich doch über den Berg ziehen...

Ja, und mein Ego hat alles immer berechnet und so erreicht, dass die Ego-Komfort-Zone nie verlassen wurde...

...irgendwie aber auch ein bisschen lustig!

Doch als ich dann richtig Gas geben wollte war die Energie sofort weg...
(wie bei einem Kurzschluss)
Dann stieg diese immense Wut auf, auf Gott und die Welt und eine ungeheure Lust entfaltete sich in mir es allen Heimzuzahlen!

Jetzt bin ich mal dran, mach ich was ich will, hole mir was ich kriegen kann!
Wow, was eine geile Power! Fühlt sich viel besser an, als das ewige Rumgehampel ein "guter Mensch" zu werden... ....das ist "mein Schatz", der, der ich wirklich bin! Und ewig war!

Und was am meisten Spaß macht, andere Mitmenschen an der Nase lang zu führen, als Lichtbringer, Chi Gong-Trainer oder Therapeut, sogar als Gurujie die Welt zu erklären, in meinen Bann zu schlagen!

Ohh, was bin ich Weise und so schön, Spieglein Spieglein an der Wand, blond, langhaarig, weißes Wallagewand und fertig ist das Wunderkind, mmmhmmh! (Auch das Lichtbrecher-Syndrom genannt!!)

15.12.13

Was wirklich heilt,

"So wie ich die Dinge sehe, ist der Verstand an sich krank. Und solange man nicht aus ihm heraus kommt, kann man dem armen Verstand nicht helfen zu gesunden, weil man zu sehr mit ihm identifiziert ist.
Die Identifikation mit dem Verstand zu durchbrechen ist der kürzeste Weg zum innersten Sein. In deinem innersten Sein bist du immer gesund; es kennt keine Krankheit. Dein Sein kann seinem natürlichen Wesen nach Krankheit nicht kennen. So wie der Verstand Frieden nicht kennen kann, kennt dein Sein weder Spannungen noch Ängste noch Verzweiflung.
Die Frage ist also nicht, wie man den Verstand heilt, sondern wie man die ganze Energie, die ganze Aufmerksamkeit vom Denken zum Sein verlagern kann.....

...das nenne ich die Psychologie der Buddhas...jede andere Psychologie muss im Dunkeln tappen, weil nur ein Sehender wissen kann, was Licht ist."
OSHO - Das Buch vom EGO

16.12.13

Lieber M., liebe Grüße auch an L. & Gemahl & den Herrn E... Wenn Osho heute noch unter uns weilen würde hätte er seine Arbeit sicherlich grundlegend verändert! Alle Gruppen usw. haben den Sucher nicht so weit transformiert, dass er sein Ego abgelegt hat! Das ist der Punkt warum der von Osho inspirierte New Man nie auf der Bildfläche auftauchte... Habe mich mit Therapeuten getroffen und allen inkl. Z. lassen das Ego als Teil des Systems in Ruhe und versuchen über positiven Input den Menschen in sein höchstes Gut zu inspirieren... doch wie es sich auf weiter Flur zeigt, funktioniert das nicht und jetzt im Alter versucht man seine Rente zu retten... I leave you my dream (Osho) findet nicht statt... Es braucht eine grundlegende neue Revolution und Meister/Coaches die einen nicht in Ruhe lassen bis das Ego eliminiert ist... Deswegen lade ich ein zur Nachschulung... ♥-st Satyam

L.D.: Dieses Phänomen habe ich auch wieder und wieder erlebt... Dass (speziell sog. spirituelle) Menschen, die eine sonnige Gutmenschmaske nach außen hängen, wenn´s drauf ankam, sich plötzlich von jetzt auf gleich ins Gegenteil wandelten... Dies ist der Beweis für mich, wie Satyam das schreibt, dass es leider nicht ausreicht auf die destruktiven (Ego-)Energien Positives draufzuschütten. Nur eine vollkommene Eliminierung des EGOs führt zu wirklicher Liebe und wahrem SEIN. Sonst bleibt die geglaubte Transformation leider nur Lug und Trug, alias Schall und Rauch...

J.M.: Hallo Satyam,
vielen Dank für Deine Mail......Deine Grüße kann ich gerne weiterleiten ! Ich habe allerdings gerade so meine Problemchen in diesem Sannyas-Rentner-Refugium.......Von aussen sieht es wie eine idyllische spirituelle Oase aus ...und zieht immer noch `ne Menge Menschen an.....von innen habe ich das Gefühl von Stagnation, Selbstgefälligkeit und Orientierungslosigkeit. Ich könnte daran manchmal ausrasten. Ich habe diesen Platz ja als Architekt mit "aufgebaut", habe mich auch lange darin wohlgefühlt. Inzwischen kommt es mir wie ein Komfort-Gefängnis vor. Von der ganzen Alt-Sannyas- Truppe hier von ca. 30 Leuten inklusive der Gutsherrin "J." gibt es kaum jemanden, bei dem ich etwas von dem revolutionärem Feuer Oshos spüren kann......Friedhofsruhe !!!!! Es tut gut mal jemanden wie Dich zu treffen,
der noch keine Lust hat sich mit der Rente und Erinnerungen an die guten alten Poona -one - Erfahrungen zu begnügen !!!!
Liebe Grüße
S.D.

Satyam Kathrein: Warum tanzen wir nicht ein wenig miteinander und schwingen die Klingen Richtung Schnarch und Co... Leider sind so ziemlich alle Sannyasins so deppert und es geht wirklich um Revolution!!! Also wann sehen wir uns!!!

Liebe D., kein path of love...kein Osho...kein Satsang oder sonstiger positiver Input wie Mantra-Singen hat das Ego erlöst! Und jetzt hat man sich halt so eingesessen...mehr war halt nicht drin...Zu den Kindheitstraumata und Ranchtraumata kommt ein Miteinander, das einem völlig gespielten Ego-andocken in die Einsamkeit eines Altersheim-Desasters führt, wo viele auf dem Dach stehen...und sogar dafür zu feige sind...happy x-mas liebe Freundin

C.Z. Ich bin zu jung, um Osho zu seiner Zeit bewusst erlebt zu haben, kenne aber seine Werke. Ich bin oft sehr erstaunt zu sehen, wie viele Sannyasins überhaupt nicht an sich selbst erforscht haben, was das Ego innen ist und schwingend und singend durch die Gegend ziehen. Wann haben sie sich selber das letzte Mal ehrlich gefragt ob sie gefunden haben wonach sie einst suchten?

17.12.13

Charles Dickens - Jim Carrey: EINE WEIHNACHTSGESCHICHTE verzaubert ... dieser Tage im TV!!

TRANSFORMATION des eGO !!!!!!

YouTube-Video: Disney´s Eine Weihnachtsgeschichte mit Jim Carey ♥♥♥♥ ☺
...Feenstaub & Glanzgewitter....die Geister die ICH rief.....

17.12.13

Warum Beziehung/ Freundschaft nicht gelingt - die EGOFALLE

"In Sekundenschnelle checken sich zwei Menschen bei ihrer Begegnung ab.
Wenn zwei Auren aufeinandertreffen, erleben die meisten Menschen
einen Machtkampf, der im Solarplexus sehr wohl zu spüren ist.
Fast automatisch findet eine Einordnung statt. Eine Einordnung, die in eine
Rangordnung mündet. Hier geht es um Macht.
Wer steht über dem anderen? Wer ist besser, schlauer, toller, hat die
bessere Figur, ist bedeutender oder reicher, etc.?
Dieser Platz wird oft vom Ego bestimmt, d.h., es findet keine klare
Sichtweise statt.
Ego hat immer mit Angst zu tun, ist Ersatz für ein wahrhaftiges Leben.
Bei einem übertriebenen Ego macht der Schein die Musik, nicht das Sein.
Erst ab einem gewissen Maß an SELBSTERKENNTNIS lässt sich die Egofalle
vermeiden."
Satyam S. Kathrein

V.U.: ...eine wahre Initialzündung zur Selbsterkenntnis...

18.12.13

♥ ♥ ♥ ♥ ♥ ♥ ♥ ♥ ♥ ♥ ♥
Blitzi Blanki Engeli Strahl Strahl ist der Feen gleiche Zauberspruch der Ego-
losen Lichtbringer... Glückwunsch jetzt kann eine goldene x-mas uns
bescheren...

V.H. Das Buch ist einfach super, da man es auch quer lesen kann.
Einfach aufschlagen und inspirieren lassen. Die Textpassagen sind
intensiv, fordern mich heraus, laden mich ein und regen zum
Nachdenken an. Mitten aus dem Leben!

19.12.13

Satyam: WARUM SIND WIR FACEBOOK-FREUNDE?

A: Weil wir voneinander lernen können

A: Was meinst Du?

Satyam: Wir werden uns nie wiedersehen... und was lernen wir von einander? Mein Einlassen auf facebook hat nur ein Ziel: Menschen zu erreichen, die an der Stelle das wählen, was ich zu geben habe... sonst gibt´s genug Bücher etc....

A: Ich z.B. lese hin und wieder Deine Postings, denke darüber nach...

...spüre hin - und das ein oder andere tut mir gut und erinnert mich.

Satyam: Aber es reicht nicht für ehrliche Auseinandersetzung mit dem Restego...und damit ist alles für die Katz... und Osho oder der liebe Gott wissen das... ein Herausgeber etc. hat andere Dinge im Sinn

A: Wie kommst Du auf die Idee, dass das nicht reicht? Ego ist doch nix Schlechtes, ich muss mich ja nicht damit identifizieren.

Satyam: Aber Du handelst fast ständig aus Deinem Ego... Du lebst höchstens in der Ego-Komfortzone...hast Dich eingerichtet...dort wo die meisten sitzen... wo man sich die Nicht- Angriffswinkehändchen zeigt... wo aus Gründen der Bedürfnisse Gleichklang vorgespielt wird... wo man seine Seele für eine Handvoll Dollar Gemütlichkeit verkauft hat... Wo man/Frau ein NEIN-Buch schreibt und vom wirklichen JA nichts weiß... wo der Phönix herhalten muss ohne selbst den Prozess durchschritten zu haben...wo Du feige ein paar Textstellen von mir im Mind spazieren trägst... ohne in die so wichtige Presche zu springen... wo einst ein Kerzlein brannte, weht heut die Grabesruh...

Ende der Chat-Unterhaltung

> O.L: Ein sehr schönes Beispiel, wie das nicht transformierte EGO funktioniert... Ein paar Schildchen hochhalten, auf denen z.B. "Gutmensch" oder "ich mach doch was, zumindest hin und wieder" steht, damit die Welt weiterhin "in Ordnung" bleibt und der Hintern weiterhin am Sofa kleben kann... Doch wie Satyam schreibt, das REICHT halt leider NICHT...

> U.K.: ...das Ego kommt halt echt schwer in Resonanz. Und die meisten Menschen sind nun mal die meiste Zeit mit ihrem Ego identifiziert. Und das Ego hat tierisch viel Zeit. Auch mal so hundert Leben wenn's sein muss

Satyam Kathrein: BIN MITMACHCLUB KEINE WÄRMELESESTUBE..... bitte löscht Euch selbst, wenn Ihr nicht mitmachen wollt... ♥ ...trotzdem allen ein ♥ x-mas!!!

20.12.13

X-Mas Comedy

facebook - SATSANG = Klartext
...der Film zum Buch:

YouTube-Video: Don Satyam Kathrein: Faceboook-Satang=Klartext

> C.S.: Einfach genial, danke!

> U.M.: Spiritual Comedy, so etwas habe ich ja noch nie gesehen, einfach klasse !

15

23.12.14

Allen FREUNDEN, MITARBEITERN, mutigen RETREAT-TEILNEHMERN &
denen, die es werden wollen, eine frohe und gesegnete Weihnacht ♥ ♥ -
☺ großartig.

E.G.: Danke, ich wünsche dir auch eine frohe Weihnacht und allen, die
den Weg in die Freiheit mutigen Herzens gehen ♥

W.L.: Danke an dich Satyam und allen Retreat Teilnehmern die ich
dieses Jahr bei dir kennenlernen durfte. Es war wunderbar und ich freue
mich auf 2014

24.12.13

♥ ♥ ♥
**YouTube-Video: Gut Beraten TV Berlin – Satyam S. Kathrein zum
Thema Reiki**

T.J.: Tolles und inspirierendes Video Danke! ♥

R.W.: sehe ich auch so thx ☺

27.12.13

**Meister GURDJIEFF: Der MENSCH hat keine SEELE...die muss er sich erst
erarbeiten!**

Hallo Satyam,

Du hattest Recht mit allem was Du gestern am Telefon zu MIR/EGO gesagt
hast. MEINE/EGO Automatismen sind noch genauso wie die ganze Zeit und
auch wenn ICH/EGO mir vorgemacht habe, dass ICH/EGO in der letzten Zeit

etwas verändert habe, dann stimmt es nicht, weil im Hintergrund alles beim Alten geblieben ist.

Wenn Du MIR/EGO das so klar und deutlich wie gestern in der Sitzung alles um die Ohren haust, dann nehme ICH/EGO das einerseits auf und kann es auch sehen, aber es drückt auch alle Knöpfe in MIR/EGO und ICH/EGO lasse es dann zu, dass ICH/EGO mich mit diesen Gedanken, die dann kommen, voll identifiziere.
Gestern habe ICH/EGO MICH/EGO dann wieder voll mit der Krankheit identifiziert, die Erkältung wurde immer schlimmer, und ICH/EGO habe noch Durchfall dazu bekommen und MICH/EGO völlig in diese Suhle hinein begeben, nur um jegliche Auseinandersetzung mit MIR/EGO selbst zu vermeiden, um MIR/EGO nicht anschauen zu müssen, was für ein Mensch ICH/EGO wirklich bin. In diesem Selbstmitleid habe ICH/EGO gestern den ganzen Tag vergeudet und erst heute morgen als ICH/EGO aufgewacht bin, habe ICH/EGO angefangen MIR/EGO diese Gedanken und Gefühle nicht mehr durchgehen zu lassen.

Es ist jämmerlich das ICH/EGO keine Ehre und keine Werte habe MICH/EGO innerlich dagegen aufzurichten, ja Du hast Recht wenn Du sagst, ICH/EGO habe keine Seele, denn dann würde ICH/EGO mich niemals wieder so gehen lassen, und meine Taten ernst nehmen und nicht so tun, als wäre das alles halb so schlimm was ICH/EGO tue.

Mir bewusst zu machen, das ICH/EGO Teufel bin, davor will ICH/EGO immer wieder fliehen, aber ICH/EGO muss dem jedem Moment ins Auge sehen, sonst habe ICH/EGO überhaupt keine Chance, sonst wird alles wieder nur Fake sein. Keinen Impuls kann ICH/EGO glauben, alles ist kontaminiert mit der Scheiße, nichts ist ehrlich an MIR/EGO.

Was bleibt dann noch. Nichts. Da ist keine Seele in MIR/EGO. Alles ist nur Lüge. Und sobald ICH/EGO an diesen Punkt komme, das ICH/EGO das endlich mal stehen lassen kann, dann lenke ICH/EGO mich selbst wieder ab, indem ICH/EGO irgendetwas auf die Bühne ziehe, mit dem ICH/EGO dann wieder identifiziert sein kann.

DU hast Recht wenn Du sagst " ICH/EGO weiß nicht wer ich wirklich bin", das trifft es genau und ICH/EGO strenge mich nicht an es heraus zu finden.

Um kein Nichts zu sein, mache ICH/EGO das zu meinem Schatz, was ICH/EGO kenne, an was ich ICH/EGO mein Leben lang gehalten habe und versuche es mit allen Mitteln aufrecht zu erhalten und kämpfe dann gegen Dich und den lieben Gott um meine Irrealität aufrecht zu erhalten.

    H.D.: Starker Tobak.......

27.12.13

Was ist eigentlich das Ego? Ein ENERGIE-VAMPIR...

Traumatisierung = das authentische Seelensein zieht sich ins System Mensch zurück auf Erbsengröße... = der Mensch macht dicht, agiert ab sofort mit Masken und entwickelt im System eine neue Machtzentrale zwecks Überleben = EGO

Nur selten noch erlaubt der neue Brückenkopf/EGO die Versuche von der Seele auf ein seelengemäßes Leben... Wenn der Mensch den tieferen Sinn dieses Geschehens nicht versteht oder sich trotz Verständnis bereits zu weit von sich selbst entfernt hat - akzeptiert und genießt er die Ego-Sause die jetzt automatisch abläuft...

Alle höheren Werte und Menschlichkeit eines Old Shatterhands oder eines Winnetous sind nicht weiter Ziel, sondern die Energie wird sich geschickt über dunkle Kanäle zugeführt...

Da wir alle Anteile dergleichen in uns führen, sind wir leichte Opfer und oft gewissenlose Täter, die mit Gutmensch-Masken bis hin zur offenen vampirhaften Energiegewinnung und stellen Menschen so zu uns, dass sie unbemerkt uns ihre Lebenskraft schenken... Das EGO ist im Hintergrund der lachende Joker wie bei Batman... Ein Super-Schurke... und die Menschen merken meist nix, weil EGO immer an Ego andockt und so sogar über klitzekleine Ego-Reste das Licht zum Löschen manipuliert...

I.V.: sehr gut beschrieben

S. V.: Hmm, fast stimme ich zu. Und doch ist im "bösen" Ego ein kleines Licht, denn dank des Egos können wir lernen und uns in der Dualität zu entwickeln. Wenn wir es schaffen, das Ego so zu transformieren, dass es die dankbare Aufgabe z.B. des Körperschutzes übernimmt und integrieren es liebevoll in unser System, dann laufen wir als Mensch in unserer Gesellschaft rund. Oder?!

Satyam Kathrein: Nein, wir brauchen das Ego nicht als Körperschutz! Das wahre Sein ist über den Flow wesentlich direkter und schneller! Ego kommt über Gedanken - der rechtzeitige Sprung weg von einer Schlange ist im Flow zeitgleich & im Ego verstreichen wichtige Sekunden... Alle Meister dieser Welt bestätigen meine Worte... das gefährlichste unserer Zeit sind Berater mit Halbwissen die mit ihrer Meinung Suchende hinters Licht in den Abgrund verführen...

H. K.: ...das Ego ist zwingend notwendig um sich selbst als Teil von etwas Größerem zu erkennen. Man muss sich nur die Mühe machen es zu kontrollieren. Dazu braucht es Disziplin. An dieser Stelle wird es anstrengend... das ist wohl der Ursprung solcher esoterischen Denkansätze...

Satyam Kathrein: H., auch wenn Du C. missbrauchst fährst Du doch nur den Wagen vor - wenn Du verstehst was ich meine.... dies zeigt bereits Dein Ego und keine Selbstkontrolle... Besserwisserei und Wissenschaft mit Eso zu verwechseln ist Halbwissen mit katastrophalen Folgen ... Warum? Weil

Du nichts lernen willst, sondern hier Dich zeigen willst... nichts für ungut Kamerad... es lebe die Revolution...

M.Z.: Lieber Satyam Kathrein, es mag auf dieser Welt sehr viel Ego geben, da gebe ich dir recht. Aber es gibt auch bereits sehr viele Menschen die ihr Bestes geben, das gute zu leben und ich glaube, dass auch dies gesehen und gestärkt werden sollte. Je mehr wir uns auf das Positive konzentrieren, desto mehr wird es wachsen.

Satyam Kathrein: Liebe M.Z.... man muss stets das Rest-Ego im Auge behalten, sonst verführt es uns zu noch größerem Unsinn - wie Deine Worte... jetzt bitte nicht zornig werden, aber wenn Du als Auszubildender einen Satz vom Ausbilder hörst, sollte man erst mal schauen wo er recht haben könnte, als mit besserwisserischem Halbwissen sich vor anderen Leuten zu zeigen...

S. V. Huch...? Warum so eine heftige Reaktion? Okay das mit dem Flow verstehe ich. Trotzdem hat mir die geistige Welt gesagt, dass es nie um Abtrennung gehen sollte, sondern immer um Integration und Transformation. Erst wenn ich alles an und in mir in Liebe annehme, kann ich es ins Licht wandeln. So wie du das Ego betitelst, klingt es als würdest du einen Teil von dir abstoßen. Wenn das Ego über Gedanken kommt, dann ist es Teil meines Geistes und Teil von mir. Deshalb liebe ich es auch.

Satyam Kathrein: Huch dito....?!! Du glaubst daran, dass die geistige Welt Dir was sagt und dies ist die Realität...schau bei allen Meistern nach, was sie über Selbsthypnose und Halluzination darlegen... Halbwissen ist eine Gefahr! Das spirituelle Ego ist eine Gefahr!! Und Dein Weltbild trägst Du als eine Art Guru in die Welt... Empfehle: Ego-Check!! Sorry, nichts für ungut!!

28.12.13

Was macht TRANSFORMATION eigentlich so schwierig?

Weil wir meist nur die Lebensbühne betrachten, ohne hinter dem Bühnenvorhang den Strippenzieher wahrzunehmen!

Wenn das seit der Kindheit Jahrzehnte so läuft sind wir wie blinde Sklaven... und auch wenn es uns gelingt gelegentlich einen Blick hinter den Vorhang und die Kulissen zu werfen - fallen wir dennoch auf das, was auf den Kulissen steht herein, obwohl dahinter völlig andere Dinge abgehen, uns steuern.

Mit der Zeit und mit dem erwachsen werden traumatisiert uns so leicht keiner mehr, aber dennoch bleiben wir innerlich in unserer Zelle eingesperrt - bewachen jetzt sogar selbst den Ausgang...

So bleibt es bei der Gutmenschmaskerade und man lässt sich leicht in Heimzahlung und Täterschaft gehen... natürlich möglichst so, dass es keiner merkt...

Wenn das Leben dann nicht so gelingt - ist man aber trotzdem nicht gewillt, sich restlos vom Saulus zum Paulus zu entwickeln... lässt sich gerne von Scharlatanen an der Nase rumführen... und findet immer einen guten Grund anderen weh und sich selbst leid zu tun...

K.H: So ist es...

M.F: Der Kreis von Freunden kann dabei helfen, glaube ich. Wenn ich mit einem Profi Billard spiele, spiele ich besser als wenn ich mit einem schlechten Billardspieler spiele. Und so verhält es sich vermutlich auch mit unseren Gedanken. Die Summe der Haupt-Charaktere aller Freunde, die man hat, verändert einen selbst in Richtung dieses Haupt-

Charakters. Eine echte Gemeinschaft habe ich leider noch nicht kennenlernen dürfen, aber ich freue mich auf diesen Tag! ☺

Satyam Kathrein: ...come in and find out... ♥

29.12.13

JAAAA dann HILF mir HALT !!

Versuche zu Deinem inneren Wesen, Deinem Wahren Seelensein zu gelangen und verbringe Zeit mit Dir selbst!!

Wenn Gedanken Dich wieder in die Vergangenheit/Zukunft/Prägungs-Ich/Ego ziehen wollen folge dem nicht! Bleib in der Präsenz des Augenblicks!

Wenn Angst, Wut oder andere Gefühle auftauchen, wisse, sie sind von den Transformations-Abwehr-Anlagen Deines Egos gesteuert - lasse Dich nicht hineinziehen!

Atme tief durch - lass alles los - erhöhe Deine Energie - fühle Freude und Liebe aufsteigen....

Verbinde Dich mit der Kraft eines Baumes/der universellen Energie/dem lieben Gott!!!

Ergründe so Deine Vision...folge Ihr... viel Glück!!!

M.S: hier und jetzt den Augenblick genießen, der da ist... geerdet und gehimmelt, sich SELBST in seiner Mitte wahrnehmen.....alles was "durchziehen" möchte ziehen lassen...bei sich bleiben und genießen, in jedem Augenblick. Danke Satyam und hab einen wundervollen Sonntag ♥ ♥ ♥

R.S.: Erinnert mich an die "Seelenreise" hier wurde das Thema Ego und das was Du sagst auch beschrieben .. ♥

H.D.: Danke Satyam !

M.F.: und wer das noch nicht so richtig kann, dem empfehle ich Eckhart Tolle! Für mich waren seine Worte sehr hilfreich! Gibt da `ne Menge auf Youtube ☺

Satyam Kathrein: E. Tolle ist Futter für die Ego-Komfortzone… weil er sich mit Einzelcoaching nicht die Finger schmutzig macht… Der Ego-Check ist unverzichtbar...

M.F.: Die Ausseinandersetzung mit sich selbst um "sauber" zu werden ist ein "Ich" Ding! Dann folgt die Erhöhung ganz von selbst und um dort bleiben zu können kann ich der Stille lauschen. Also ich find schon, das die Worte von E.Tolle anfangs hierbei hilfreich sein können. Es gibt sicher viele Wege zur geistigen Erhöhung und zur Freude

C.W: E. Tolle schreibt auf wunderbare Weise über das Jetzt. Ein wichtiger Punkt, aber leider ist dies "nur" ein kleines Stück des Kuchens

Satyam Kathrein: Mein Freund E. Tolle schreibt und zeigt die Realität auf wunderbare Weise... nur arbeitet er nicht mit den Menschen und das ist das Wichtigste... Angelesenes Wissen ist komplett wertlos wenn es nicht integriert wird!

02.01.14

Mein STANDING ist unverrückbar...

...jeder Sucher/Finder entwickelt ein Standing... entweder im wahren Seelensein oder im Ego. Im Ego hat man kein Rückgrat, verrät wenn nötig immer die Realität, lügt und betrügt wie man´s braucht und zeigt nicht sein wirkliches Gesicht. Die Trauma bedingte Heimzahlung hat Bock auf Macht und versteckte, bösartige Teufelsgeigerei...!!!

Wer seinen Standpunkt ins wahre Seelensein verschiebt entwickelt Herzensgüte, Demut, etwas für andere Tun und das Glückshorn Gottes auf seiner Seite.

Doch aufgepasst, die Tricks des Egos sind unendlich...es stellt ein Schildchen mit: Ich bin Gott vors dritte Auge und erhält sofort erneuten Durchmarsch, dockt hinter dem Rücken Deines inneren bewussten Beobachters bei anderen Leuten am Ego an... und Du bist lost!!!

Gollum Gollum - mein Schatz !!!

Das Dream-Team der Lichtbringer auf ihrem Weg zum Coach-ing !!

03.01.14

DRUCKFRISCH !!!
Gehen weg wie die warmen Brezeln...
HOL DIR Dein Exemplar !

Facebook-Satsang= Klartext

03.01.14

HEY, next KÄPTÄN´S DINNER...

22. - 27.1 2014
cooool... ♥

04.01.14

Lebe wild und gefährlich...

Quintessenz aus dem Buch "Mut" von Osho, Kapitel: Wenn das Neue an Deine Tür klopft, öffne sie!

Das Neue ist dir noch fremd. Es kann ein Freund sein oder auch ein Feind, wer weiß? Niemand kann das sagen. Du kannst es erst wissen, wenn du das Neue zulässt - daher die Angst.

Der fehlende Mut zur Veränderung, die Angst davor, das alt gewohnte (wenn auch oft verhasste oder unbequem gewordene und krank machende) System zugunsten neuer Erfahrungen zu verlassen, ist einer der Hauptgründe, warum Menschen trotz dem tiefen Wunsch nach Veränderung vor ihrer eigenen Wandlung und vor ihrem eigentlichen Lebensglück davon laufen.

Aber du kannst dich auch nicht länger dagegen wehren, denn das Alte hat dir noch nicht gegeben, wonach du suchst. Hat dir noch nicht das Glück gegeben, wonach du dich sehnst.

Was - wenn das Neue als Segnung vom Universum plötzlich an deine Türe klopft?

Verweigerst du dich dann und verbirgst dich hinter dem Alten? Oder bringst du den Mut auf, in dein **wahres** Seelen - SEIN, deine wahre Existenz aufzubrechen?

05.01.14

2014 Dein Jahr

Retreat: …Segnung und Auftrag…
„Erlösung der Lebensthemen wandelt in das Bringen des Lichts"
22.-27. Januar 2014

Seminarleitung: Don Satyam Kathrein

M.S.: Sehr schön ♥ So ist es ♥

H.D.: ♥

Satyam Kathrein: Schickt keine Herzchen, meldet Euch an… dies ist das größte Geschenk… bevor man sich für einen Lichtbringer hält und weise Ratschläge erteilt…nochmal kurz innehalten und mit einem Meister/Coach die innere Ego-Dominanz überprüfen!! Die Welt braucht dringend mehr Lichtbringer und hat viel zu viele die mit Ego-Resten spirituell verführen… und der liebe Gott sieht alles!!

K.P.: Das kann ich nur bestätigen… Und es ist wirklich sehr wichtig, sich von einem echten Meister / Coach checken zu lassen und zu überprüfen, in welcher Form und in welcher Weise das EGO aus der Traumatisierung heraus hinter den Kulissen wirkt und die Strippen zieht, um der Welt das vielfach heimzuzahlen, was der Mensch in seiner Kindheit an Ohnmacht, Misshandlung und weiteren Heimzahlungen durch die Täterschaft seiner Eltern zu ertragen hatte. Und dabei ist das EGO höchst tricky. Dies trägt JEDER in sich, der dies noch nicht identifiziert und transformiert hat. Von daher dürfte eigentlich nur derjenige als Lehrer, Guru etc. zugelassen werden, der durch diese Lichtschleuse durchgegangen ist. Bei Satyam Kathrein seid Ihr da in sehr guten Händen…

26

05.01.14

Was SO in der modernen Psychotherapie noch viel zu wenig bearbeitet wird...

Die Heimzahlung des Unerlösten...

So ziemlich JEDER wird in seiner Kindheit und Jugend von den Menschen, die er zunächst am meisten auf der Welt liebt und denen er blind vertraut - seinen Eltern - traumatisiert.

Eine der Trauma-Folgestörungen ist, dass sich ein Teil von uns hinter die Kulissen zurückzieht und von dort aus ab sofort seine Täterschaft, seine Heimzahlung gegen die Welt beginnt und über die Jahre perfektioniert. Dieser verletzte Teil in JEDEM von uns ist ab sofort der Ansicht, dass er das Recht hat machen zu können, was er will - auf egozentrische, unempathische und völlig skrupellose Weise.

Herr Eiskalt und Frau Herzlos sind ab sofort geboren.

Vor dieses Handeln werden Kulissen und Masken geschoben, um mehr oder weniger subtil im Hintergrund die Strippen zu ziehen - und schon wird aus Ohnmacht - Macht und aus dem ehemaligen Opfer ein Täter. Das krank gewordene EGO ist in seinem Agieren sehr anpassungsfähig und trickreich und lässt sich somit seine Taten oft nur schwer nachweisen... Vordergründig tut es ganz unschuldig, als wisse es von nix...

Fakt ist, dass es eine Instanz in uns gibt, die diese EGO - Heimzahlungen voll bewusst plant, inszeniert und durchführt - von daher kann auch niemand hier vorgeben, die Dinge liefen automatisch oder unbewusst ab.

Der Täter in jedem von uns, bevor er identifiziert und transformiert wird, sitzt weiterhin hinter den Kulissen und lacht sich ins Fäustchen.... Die Handlungspalette reicht von Energieraub, Macht- und Psychospielchen,

Kontrolldramen, bis hin zu kriminellen Handlungen, Unterdrückung und verbaler und körperlicher Gewalt.

Dieser Kreislauf kann nur durch eigene Bewusstwerdung in Begleitung eines Meister / Coaches / Therapeuten aufgebrochen werden, der die Fähigkeit besitzt auch noch hinter die hinterste Kulisse zu schauen und dem Klienten zu helfen, seinen inneren Beobachter zu schärfen und solche Machenschaften ab sofort nicht mehr zuzulassen. Dies kann aber nur jemand, der selbst seinem Täter in sich voll bewusst ins Auge geschaut und ihn transformiert hat. Davon gibt es leider nur ganz wenige...

Von daher wird nach wie vor noch viel zu viel in der Ego - Komfort - Zone therapiert, das Ego des Therapeuten trifft auf das Ego des Klienten - und die Wurzel der Erkrankung kann so leider nicht in dem Maße eliminiert werden, wie es gebraucht würde, um wirklich zu gesunden.

> C.O.: Wer kann das von sich behaupten? Wer hat seinen /seine Täter vollständig transformiert? Woran wäre das erkennbar?

> C.W.: Was ist der Punkt, wenn man sich all dessen bewusst ist, und zusieht bei sich wenn diese Programme laufen, und es sich trotzdem nicht ändert?

Satyam Kathrein: Gute Frage! Schwierig! Vertrauen finden und darauf achten, dass so etwas stattfindet, wie in meinen Texten klar gestellt wird. Seit meinem Wandlungsprozess lebe ich was ich predige... Come in and find out...

06.01.14

Carlos Castaneda - Reise nach Ixtlan

Er betonte nachdrücklich, dass ich mein Verhalten weitgehend ändern müsse, wenn ich wirklich lernen wolle. Mein Ärger wuchs, bis es mich schließlich die größte Anstrengung kostete, auch nur meine Aufzeichnungen zu machen.

„Du nimmst dich zu ernst" sagte er. „Du bist in deinen Augen zu verdammt wichtig, dass du glaubst, das Recht zu haben, an allem Anstoß zu nehmen. Du bist so verdammt wichtig, dass du es dir leisten kannst, abzuhauen, wenn nicht alles so läuft, wie du willst. Mir scheint, du glaubst damit zu beweisen, dass du Charakter hast. Das ist Unsinn! Du bist schwach und eingebildet!"

Ich versuchte, einen Einwand vorzubringen, aber er ließ nicht locker. Er wies darauf hin, dass ich wegen dieser übertriebenen Wichtigkeit, die ich mir beimaß, im Lauf meines Lebens nie etwas zu Ende gebracht hätte.

Ich war starr vor Staunen über die Sicherheit, mit der er dies sagte. Natürlich traf es zu, und dies machte, dass ich mich nicht nur ärgerte, sondern auch bedroht fühlte.

„Die eigene Wichtigkeit ist auch etwas, dass man aufgeben muss, wie die persönliche Geschichte" sagte er sehr eindringlich

07.01.14

SEELENHEIL – Erlösung der Lebensthemen

Hallo Freunde, welch köstliche Meldung...mein neues Buch ab sofort als e-book oder Taschenbuch im Handel:

SEELENHEIL ISBN: 9783732296767

F.K.: Tolles Buch Cover! ♥ Spricht mich jetzt schon an! Und freu mich schon auf`s lesen.

R.K. Herzliche Gratulation...spricht mich total an. Ich denke sogar, dass ich schon ein Buch von Dir habe, denn das kommt mir bekannt vor ♥

07.01.14

YouTube-Video: Enlightenment, Transformation = Wissen integrieren

Satyam S. Kathrein spricht über das Mysterienspiel zu Zeiten der alten Schule (old school) heiliger Spiritualität und der neuen Art Transformation bis ins Innerste umzusetzen (new school).

M.A.: Sehr sympathisch! Ich finde die Arbeit die du machst sehr gut und sehr wichtig! Du öffnest Menschen die Augen für ihr wahres Selbst und für die Liebe, das ist es, was die Menschheit am nötigsten braucht!! Habe mir "Ego-Crash" bestellt, mal sehen welche Facetten meines Egos noch so unentdeckt schlummern... ☺

Satyam S. Kathrein: Komm halt mal vorbei... ☺

08.01.14

just start it up 2014....
see you in the Retreat: 22.-27.1.2014 Don Satyam Kathrein

YouTube-Video: Say YES, Veresh and the Humaniversity Sounds

09.01.14

FORTSCHRITT?? QUO VADIS?!! Wer macht eigentlich den ZEITGEIST?!

Seit den 68-igern dachten wir es bewegt sich was im Lande...
...und den Rest macht die "spirituelle Evolution"?!!

Pustekuchen oder denkste... Hinterfragt noch jemand Casting-Shows? Wo Mädchen den girly-Gucci-Wer bin ICH?- Chic verpasst bekommen, als wenn´s kein Hirn mehr gäbe... Wieso nur Kleinfamilie? Keine Experimente... Wohngemeinschafts/Kommune-Erfahrungen der 70/80-iger sind auf Studenten-Niveau geschrumpft... Und wie geht´s Euch heute?? Single-Appartement? Besser nicht allein - Geliebter? Verbittert, Angepasst, von Selbstbetrug zerfressen?! Ausgemergelt vom täglichen Arbeitszwang? Von Chefs die gerne "führen"?! Eingegliedert in die Ursprungsfamilie, die froh ist, dass Du am Ende doch noch „normal" geworden bist?!

Wo sind Deine Träume - Deine Visionen?!
SCHLUSSFOLGERUNG: Erst wenn wir unser Ego erledigt haben werden wir fähig, das, was wir uns eigentlich alle wünschen, auch in gelingende Taten umzusetzen...

...come in and find out... 22.-27.1.2014

T.A.: Wie wahr und zutreffend Du dies auf den wahren Nenner gebracht hast. Werden wir doch noch alle so stark vom Wohlstand eingelullt und manipuliert und verlieren unsere eigentliche Aufgaben und Wünsche aus den Augen. Danke fürs erneute Wachrütteln! Gute 24 Stunden Mut zum verändern

Satyam Kathrein: ..vielleicht kommst vorbei... würde mich sehr freuen! ♥

11.01.14

Lieber Leser, liebe Freunde...

...viele die sich an meine Texte gewöhnt haben, sie ihnen sogar gefallen... ...vermelden ihrer inneren Stimme gemäß, super Idee, aber ich bin ja bei Leibe bereits wesentlich weiter, ja, so ich spüre, sicherlich schon über den EKZG-Punkt (Egokomfortzonengrenzzaun) hinaus!

...können Tolle nachvollziehen, finden auch an Osho was geradliniges, und doch hören sie innen ganz tief drinnen ein kleines engelhaftes Stimmchen das um Erhörung ringt: "Befreie mich aus den Umständen des Prägungs-Ich, ich bitt Dich, bitte!!!"

Auf der Lebensbühne meint man trotzdem: Alles im Lot, bin in meiner Kraft - mach mein Ding!

Das Pech für den vermeintlich "erlösten" Sucher ist, dass hinter dem Bühnenvorhang nach wie vor der alte Strippenführer sein Unwesen treibt und über Angstgedanken und Angstgefühle die Vernebelung der Selbsthypnose einläutet und so wird unser wahres Seelensein stets bereits in den ersten Runden vom Ego ausgenockt!!!
In den letzten 40ig Jahren sind tausende und abertausende von spirituellen Suchern dieser Verblendung an heim gefallen, oft angeleitet von geistigen Führern, die an selbiger Stelle ihre blinden Flecken auf dem Altar tragen... ...und schaut es Euch doch einfach genau an...wo lebt etwas Neues? Wo ist der versprochene NEW MAN? Wo sind die Mysterienschulen der unverrückbaren Lichtbringer???

Der Mensch hat sich in sein allein Sein verkrochen und glaubt sich selbst es wäre das ALLEINSSEIN das ohne den anderen Menschen auskommt!!
...und Leute, zum Schluss eine wichtige Anmerkung: Im Altenheim bleibt Dir auch nur ein Zimmer unter zufällig dort Untergebrachten..... ...dort wird

Dir Dein Rest-Ego dann mit Sicherheit doch noch ausgetrieben...

Dafür wird das Pflegepersonal schon sorgen... also schau Dich um...

so isses ♥

11.01.14

Was ist das Ego - Wozu braucht man einen Meister-Coach?

K.R:
Mein Innenleben ist wie ein Labyrinth mit dunklen Ecken, Falltüren, Turbo-Aufzügen und vielen Verstrickungen. Ich kenne dieses Innenleben im Grunde sehr gut, denn ich habe es erschaffen und ich kreiere es jeden Moment neu und verfeinere es wenn es nötig ist. Die meisten Hintergründe meiner Handlungen habe ich mir mit Stellwänden/Kulissen verstellt und sie sind mir nicht bewusst. Dadurch kann ich so tun, als hätte ich keine Ahnung oder kann anderen die Schuld geben. Oder, ich weiß genau was ich tue und es ist für mich o.k. Ich habe immer einen guten Grund warum es so ist. Ich bin ein sehr ausgebuffter, hinterhältiger Gutmensch, der auch gern mal jemanden einschüchtert, wenn es mich meinem Ziel näher bringt. Ich bin immer darauf bedacht, dass ich nie zu kurz komme. Das ist auch dann der Fall, wenn es so aussieht als würde ich jemand anderem etwas Gutes tun. Das bin ich, und gleichzeitig mein Ego.

Ich habe den Wunsch mein wahres Selbst zu leben, authentisch zu sein, Freundschaft zu leben und Menschen zu lieben. Um zu mir selbst, zu meiner Seele zu gelangen, ist es notwendig, das Ego komplett aus meinem System zu schmeißen. Dabei hilft der Meister-Coach. Er ist durch seinen Prozess gegangen und kann bei mir bis hinter die letzte Kulisse blicken. Er ist vollkommen in der Liebe und sieht genau, was es gerade braucht. Er hilft mir hinter meine Kulissen zu schauen und die Zusammenhänge zu begreifen. Dann kann ich leicht neue Entscheidungen treffen. Weil das Ego sehr trickreich ist und nicht so schnell das Feld räumt, ist es sehr wichtig einen Meister-Coach zu haben, der einen darauf hinweist, wenn die neu getroffene Entscheidung in das alte System eingebaut und mit einer neuen Kulisse versehen wurde.

Meine Empfehlung sind die 5 Tages- Seminare mit Satyam S. Kathrein. Dort fühlt sich die Seele aufgehoben wie zu Hause. Es wird spielerisch herausgearbeitet was Ego ist und was das wahre Selbst ist. Es gibt genug Raum und Zeit neue Entscheidungen zu leben und zu festigen. Freundschaften entstehen mit den anderen Teilnehmern und es ist eine wunderbare Zeit in der Wachstum einfach ist... Yeahh, just start it up 2014...... next Retreat: 22.-27.1.2014

12.01.14

...frisch AUFGELEGT:

POWER-REIKI
Tibet Energie Medizin

Unterstützt die Sehkraft mit dem dritten Auge, Selbstheilung lässt das Ego schrumpfen, tue Dir was Gutes - REINE ENERGIE = WELLNESS PUR !

Ach ja, bereichert die Praxis-Palette !!!
Ausbildung zum Energie-Therapeut: 15.-16.2.2014 neo-holistic-institut.de

> H.I.: Total schönes Buch!. Ich habe selber schon einmal eine Reiki-Behandlung genossen und überlege schon länger, ob ich die Reiki Grad I machen soll. Ich glaube das Buch bestell ich mir auf alle Fälle schon mal und mal sehen...vielleicht klappt's ja zeitlich schon im Februar...Muss ich für den Kurs zum Energie-Therapeuten das Buch schon gelesen haben oder irgendwelche anderen Vorbildungen haben?

E.L.: ..wow..man spürt förmlich die Power... Ich habe vor einiger Zeit den Reiki-Kurs gemacht und das war eine super Erfahrung. Vor allem hilft es mir, wenn ich mich erschöpft fühle - körperlich oder seelisch - meine Batterien wieder aufzuladen

12.01.14

Das ANANDA Syndrom...??!!!

Ananda war der Bruder von Buddha, seine Nr. 1, seine rechte Hand....

Als Buddha starb war Ananda zu Tode betrübt und weinte bitterlich... Der Kammerdiener fragte bestürzt nach?! Nicht der Tod des Meisters war der Grund für Anandas Trauer, nein, er tat sich selbst total leid, weil er zu Lebzeiten des großen Buddha nicht selbst zur Erleuchtung vorgedrungen war.

Das ist das Los all derjenigen, die um einen Meister herum Dienst tun! Warum? Weil ihr spirituelles Ego durch die Nähe zum Buddha so gestärkt wird. Sie sind ja bereits nahe und haben deshalb die Macht und das heilige Charisma.

Wer sich umschaut kann dieses Phänomen in jeder religiösen oder therapeutischen oder gurumässigen Clique sehr schön beobachten!!!

Diese Art Hofbeamter lebt ein angenehmes und anerkanntes Leben. Nachteil: Sie sitzen in der Falle des ANANDA Syndroms. Am Ende ihrer Tage haben sie in punkto Transformation die wichtigsten Schritte zur Überwindung ihres Egos nicht vorzuweisen.

Doch in der Unterkategorie von Therapie, Meditation, Tantra, Mantra-singen, bilden sie ein egoisches morphogenetisches Kraftfeld, das

35

niemanden an ihnen vorbei lässt, außer man kriecht ihnen permanent in den Hintern. Sie bilden eine hochnäsige Kaste und glauben sich ihre Heiligkeit gegenseitig zutiefst, und vermeiden vor allem wie der Teufel das Weihwasser die eigene Auseinandersetzung mit ihren Ego-Anteilen!

Die Apostel des Herrn Jesu verrieten ihren Meister für ein paar Sesterzen und noch bevor der Hahn dreimal krähte...

Beim Meister Osho zerstörte diese Kaste sein Lebenswerk einer neuen Lebensweise des NEW MAN in der Kommune von Amerika... und auch im Ashram in Poona hat bis heute diese Art die Nase vorn...

Blöd nur, dass so jegliche Weiterentwicklungversuche in der Egopfütze landen... ...und am Ende ihrer Tage bleibt nur die Erkenntnis das das Ananda- Syndrom ihre Seelenwünsche verspeist hat... bon voyage! ♥

N.G.; Ich habe die Erfahrung gemacht, dass diese "Hofdiener", wie du sie nennst... sich nur im Glanze dieser oft selbsternannten Gurus sonnen... An Erleuchtung..& Selbstreflektion kein Interesse....!

Satyam Kathrein: Bingo... ♥

S. B.: Ich habe solche Leute bei einem Seminar erlebt. Fürchterlich. Als ich bei der Vorstellung erzählte, dass mein Mann vor sechs Monaten gestorben sei, haben sie nur doof geschaut. Sie konnten mit mir und meiner Situation überhaupt nicht umgehen. Spiritualität nachplappern oder leben ist halt doch ein Unterschied. Liebe Grüße S.

U.J: Das ist... wahr und eine ehrliche Ohrfeige für alle Ego-Spiris!!!

C.S.: S. , wenn ich könnte würde ich auf Deinen Kommentar 100 x gefällt mir drücken. Ich hab es so satt, diese Verlogenheit gerade bei den "Möchtegern" – Spiris. Schaust Du hinter die Kulissen merkst Du schnell, dass "Wasser predigen und Wein saufen" an der Tagesordnung sind. Da stelle ich mich und meine Arbeit lieber selbst ab und an in Frage, um in mich zu gehen und zu schauen, ob ich meiner Verantwortung, zum Beispiel in beratender Tätigkeit anderen gegenüber überhaupt gewachsen bin und ziehe mich auch mal komplett zurück um innerlich sortiert und gekräftigt wieder loszulegen.

S.B:: Liebe C.! Ich "arbeite" spirituell seit 13 Jahren an mir. Habe einige Seminare und Ausbildungen und mache es dennoch nicht beruflich, da ich denke, dass ich selbst noch so viele Baustellen bei mir zu bearbeiten habe. Ich "helfe" gerne Menschen in der Familie und Bekanntenkreis (wenn diese es möchten ,-)) und teile gerne Betrachtungsweisen, um sie aufmerksam zu machen, dass sie selbst für ihre Gesundheit und ihr Wohlergehen verantwortlich sind. Denn gerade verzweifelte Leute richten sich an Esoteriker und ich finde nichts schlimmer, als wenn es da Leute gibt, die diese armen Seelen noch finanziell ausbeuten. Es ist eine extrem hohe Verantwortung und dessen sind sich die meisten nicht bewusst. Ich bin wahrscheinlich auch sehr streng mit mir selbst, aber ich finde es in Ordnung so wie es ist. Ich habe so vielen Menschen schon im Kaffeehaus durch Gespräche geholfen und vielleicht ist das auch meine Berufung. Denn diese Leute würden nie in eine Praxis kommen und über ihre Probleme reden bzw. sich dort Hilfe holen. Wünsche dir einen wunderschönen Tag. LG S.

Satyam Kathrein: ...liebe S., möchte Dich gerne zum Ego-Check einladen und inspirieren vielleicht eine Ausbildung zum Lichtbringer hier abzuschließen... warum? Weil echte Lichtbringer so rar sind, dringendst gebraucht werden.

13.01.14

SEELENHEIL: Problemlösung
Spannend wie ein Thriller - inspiriert zum Erfolg - Glück pur!
Will ich haben!!

SEELENHEIL – Erlösung der Lebensthemen von Satyam S. Kathrien, jetzt neu im BoD-Verlag erschienen.

C.S.: Bin gespannt ... – werde es mir in mein Osternest legen ☺

F.R.: ich habe Anfang letzter Woche Dein Buch Seelenheil frisch gedruckt bekommen. Und ich habe es regelrecht inhaliert und ich muss Dir mein totalen Dank aussprechen für dieses tolle Buch, weil ich für mich erkennen konnte, dass ich bisher nur an der Oberfläche rum gedoktert habe und nie mein Gesamtbild wirklich tiefgreifend im Kontext mir vor meinen Augen geführt habe. Durch die klare Anleitung in Deinem Buch, sein eigenes Schatzkästchen mit seinen ganzen Lebensthemen mal wirklich ehrlich auf den Tisch zu legen, konnte ich ganz klar meinen roten Faden durch viele meiner Lebensthemen sehen und kann dadurch jetzt klar jedes einzelne Thema angehen und in die Veränderung bringen.. die griffigen „Werkzeuge" die du einem mitgibst, lassen einen innerlich schon erspüren, wie jedes einzelne Thema in die Erlösung kommt. Danke ♥
Ich freue mich jedem spirituellen Sucher, dieses Buch aus vollem Herzen bestens weiter zu empfehlen. Lg F. ♥

R.U: ...das berührt die Seele. Sehr schön ♥

13.01.14

Mein geliebter Eso/Spiri/Engel/Guru/Meditations-Marktplatz = lediglich die Egokomfortzone die mein Ego zulässt - HIER IST NICHTS GEWONNEN...

Doch dort treffen sich alle, Schüler - Guru, und basteln eine Ersatzblase der Realität = ein Alias/Ersatzleben ohne wirklichen Belang für die Transformation, das Wolkenkuckucksheim, eine Ego-Phantasie...

In dieser Blase leben 98% der Sucher, übrigens ist diese Zahl deckungsgleich mit der Zahl von 98% Traumatisierung innerhalb der Gesellschaft!
Daran wird von Niemandem gerüttelt, als gäbe es eine geheime Absprache zwischen Therapeut und Klientel - das morphogenetische Feld der Ego-Energie die ganz einfach überall an den Ego-Resten andockt und vorgaukelt: Hier ist jeder ein Gewinner...

Die Egokomfortzone ist selbstverständlich von allen Beteiligten aufs köstlichste geschmückt, total einladend, eine "Schatzkammer" voller "Glück & Hosianna" = im Grunde aber ist sie die Laube der dunklen Seite der Macht!!

Von dieser Gefahr erzählen alle Meister & die Jedi-Ritter benützen ihre Lichtschwerter & Jesus Christus seine Peitsche in der Kirche - vertreibt bis aufs äußerste erzürnt die Scharlatane, die Egomanen...

Leute, bearbeitet eure Ego-Reste, werdet zu realen Lichtbringern...

F.K.: Ich merke bei mir selbst wenn ich nicht selbst in meinem System alle noch vorhandenen Egoanteile anschaue, auflöse und verwandle, mache ich mir nur selbst (meinem Ego) was vor. Und meine wirkliche Transformation bleibt auf der Strecke...Und mein Ego bläst sich auf und will mir vormachen, das ich schon etwas erreicht habe .Danke Satyam für Deine klaren und inspirierenden Texte!

J.H.: Ich finde du hast völlig recht. Eigentlich durchschaut jeder jeden. Aber es sagt halt keiner was. So verändert sich aber auch nichts. Ich tue schnell so, als würde ich dem anderen nicht zu nahe treten wollen. Die Wahrheit ist, in dem Moment ist er mir wurscht.

14.01.14

WIR STELLEN um auf BoD - books on demand -

Verlage, spirituelle Verlage produzieren größtenteils Schrott!
Warum? Weil in schwierigen Zeiten ein Bestseller her muss!!
Auf Realitätsgehalt wird überhaupt keine Rücksicht genommen!

Auf BoD kann zwar auch jeder behaupten was er will, aber ich bin halt auch FREI, ohne dass irgendwer das Buch kaufen muss.

Deswegen erscheint hier in den nächsten Wochen immer mal wieder ein neues Buch von mir. Danke. herzlichst Satyam

U.S.: Den Eindruck habe ich von den Verlagen auch. Toll, dass es so eine Möglichkeit wie BoD gibt und neue Bücher von Dir dort erscheinen. Ich habe gerade das Facebook Satsang Buch von Dir gelesen und bin begeistert über diese neue Art ein Buch zu schreiben um Präsenz beim Leser zu erzeugen. Klasse, freue mich schon auf weitere Bücher.

S.F.: BoD - super! Dann legt wenigstens keiner Daumenschrauben an und es wird nichts wegretuschiert oder geschönt, damit es besser in den Mainstream passt.

F.N.: Finde ich super das du auf books on demand umstellst und deine Bücher in unverblümter Klarheit zu lesen sind. lg

15.1.14

L.R.:

Das Irre ist, dass es soooo viele Menschen gibt, die genauso leben und ganz fest so tun, dass ihre Ego-Komfort-Zone ihr wirkliches "ich" wäre und keiner Sie durchschaut. Die Wahrheit ist aber, dass beinahe jeder jeden durchschaut und sich nur keiner traut, die Missstände beim anderen anzusprechen und zwar nur, weil er nicht will, dass seine eigenen Missstände angesprochen werden...(man versucht ja immer die eigenen negativen(oder Ego-Eigenheiten) zu verstecken...(ich meine, wer kennt denn das nicht von Euch? Ich kenne das total gut von mir...:-))) so stellt sich ernsthaft die Frage, ob eine Welt in der alle miteinander ihr Ego aufräumen nicht wesentlich lebenswerter wäre und ich frage mich, warum sich nicht viel mehr Menschen trauen!!!??? Ich habe jetzt mal ein bisschen in Deine Texte reingelesen Satyam und ich ziehe meinen Hut vor Deinem Mut die Dinge so klar und offen anzusprechen und fühle mich sehr inspiriert, an meinem Ego zu arbeiten und mich auch mehr zu trauen bei anderen diesen Mist anzusprechen! Ego-Gurus (und von denen gibt es immens viele) sollte das Handwerk gelegt werden!
Danke Dir für diese klaren Worte!

16.1.14

...auf der ZIELGRADEN noch ein kleines Gewinnspiel:

Wie ist der Titel des Retreats vom 22.-27.1.2014???

..die ersten 3 richtigen Lösungen mit Adressangabe hier unter dem Posting als Kommentar gewinnen einen Gutschein über 320.- Euro für dieses Retreat ♥ ♥ ♥

17.01.14

♥ LEAVING THE BODY DAY... ♥ of my master OSHO 19.Jannuar 1990

...die Tibeter sagen: Nutze den Tod, nutze jeden Tag

YouTube-Video: OSHO: Celebrating Death

19.01.14

HALLO SATYAM - woran erkenne ich jetzt mein Ego?

20.01.14

DU willst DIR und den DINGEN nur mit LICHT begegnen, funktioniert nicht!
Schattenarbeit ist das Wichtigste um mehr Licht hereinzulassen!!!
Lgsat

C.F.: STIMMT. KLARHEIT. Ohne SCHATTEN kein LICHT und ohne LICHT
kein SCHATTEN LLHG

S.B.: Habe jahrelang geglaubt, dass ich nur mit Licht alles in mir lösen
kann und habe mir dabei nicht die Mühe gemacht, mir auch meine
Schatten anzuschauen, das ging richtig in die Hose und ich bin nicht
wirklich weiter gekommen. Habe ich erst bei Dir gelernt da überhaupt
hinzuschauen, danke dass Du da nicht locker lässt!

A.D.: Deswegen ist ehrliche Gruppenarbeit so wertvoll. Denn die
anderen sehen deine Schattenseiten und sind so oft die einzigen die
noch helfen können wenn man sich selbst schon vollkommen eingelullt
hat.

S.F.: ...und ich finde es sehr befreiend wenn meine Schattenseiten aus
dem Verstecken ans Licht und in eine Klarheit geholt werden.

20.01.14

...next Retreat: VERSTEHEN & INTEGRIEREN 20.-25. Februar 2014

Leitung: Satyam S. Kathrein

Mein Alltag ist voller gewöhnlicher Dinge!
Doch befinde ich mich mit ihnen in völliger Harmonie?
Der Weg: Ich halte an nichts fest, weise nichts von mir!
Durchwandere jegliche Hindernisse oder Konflikte...
Wen kümmern Wohlstand, Ehren, Kontrolle, Macht oder Rente?
Selbst im armseligsten ungewolltesten Etwas strahlt ein Gewinn,
Bewusstsein und Liebe...
Das ist meine wundertätige Kraft, mein spirituelles Tun: Wasser schöpfen,
Holz tragen.
Laie Páng/Satyam
Quantensprung-Seminare mit Satyam S. Kathrein

UNIVERSALE REALITAT - DER DIAMANTENE WEG

1. Teil: Heilung verstehen
2. Teil: Erkenntnis integrieren
3.Teil: ins Buddhabewusstsein erwachen

Rahmenbedingungen sind uns wichtig: köstliche Mahlzeiten, feine
Einzelzimmer, entspannende Natur, Kraftplätze besonderer Güte.

Im Seminarschlösschen Buch am Buchrain Hauptstr.10, wo sich Dichter,
Romantiker und sogar Mozarts Mutter wohl fühlten!

Satyam S. Kathrein arbeitet als Therapeut, Seminarleiter und Direktor der
Akademie für Lebensthemen-Therapie in München.

Er bietet Einzelsitzungen, Ausbildungskurse, Therapie-, Ego-Crash-, Quantensprung-und Fortbildungsseminare im Neo Holistic Institut in München sowie in Seminarhäusern im In– und Ausland an und entwickelte die Lebensthemen-Therapie.

20.01.14

Was für eine Freude, liebe Freunde !!! ♥
CHAKRA YOGA, mein neues Buch ist da....
Partytime...Korken knallen.... ♥ ♥

U.G.: Das schaut ja wunderbar aus, trifft genau den Zeitgeist ! ♥

N. F.: Spricht mich echt an! Freu mich schon aufs Ausprobieren und aufs Lesen.

K.R.: Hab das Buch gleich vorbestellt....bin sehr gespannt drauf

22.01.14

Kennste die "bösen" Kinder die zu den schlimmsten Eltern der Welt geschickt werden?

Wie Kinder halt so sind, sie plustern sich manchmal auf um Grenzen auszutesten. Gibt man eine klare Grenze können sie entspannen und sind wieder "lieb"!
Beim Leben aus dem Ego-Modus ist es Tatsache, dass nach der Traumatisierung in der Kindheit das Ego als Überlebensmechanismus die Handlungsfäden in die Hand nimmt und dass es aber auf Kleinkind-Niveau gebürstet ist.

Genau dies ist die Einstellung eines Kindes das nach Grenzen ruft. Wenn nun die Eltern und das Umfeld diese Grenze nicht setzen hat der Mensch ein Leben lang das Problem, dass er auch "böse" Dinge tut in der Hoffnung das jemand (Papi, Mami, der Liebe Gott oder so) die nötige Grenze zum "Liebsein" gibt.

Die meisten Menschen haben davon keine Ahnung, so bleibt es dabei, man versteckt sein authentisches Sein nach der Traumatisierung im Innersten und spielt mit Masken gute und böse Rollen auf der Lebensbühne. Da niemand benötigte Grenzen setzt, macht man eben die Dinge so, weil man es KANN!

Leider vermag nichts Positives den Menschen umzustimmen und er weiß ganz genau darum! Er entscheidet jeden Moment aus der Ego-Ebene und verpasst dadurch das wirkliche, reale Leben. Man lebt wie in einem Raumanzug in seiner eigenen Welt und ist mit der Realität nicht wirklich eins.

Wenn man dann Jahrzehnte dies nicht ändert interessiert einen auch nichts anderes mehr!! Da fast alle Menschen so leben besteht ein unsichtbares Abkommen nicht daran zu rütteln, alles bleibt wie es ist!

Für ein wirklich glückliches Leben und das Erwachen in ein größeres Bewusstsein braucht man die Erkenntnis ob man aus Ego-Anteilen lebt, also unbedingt den Ego-Check!

Lg Satyam

23.01.14

So läuft bei uns der Ego-Check & MITEINANDERSEIN ...´s iss schöööön ♥

YouTube-Video: In der Leichtigkeit des Seins liegt die Kraft…! Satyam S. Kathrein

24.01.14

R.K.: LIEBER SATYAM,

ja, die kenne ich ganz genau. Ich bin selbst so eins...
Indem ich mich aus meiner eigenen Traumatisierung heraus schon sehr
früh geweigert habe, irgendetwas und irgendjemand anzuerkennen...

Indem ich schon sehr früh begonnen habe, mein eigenes Ding zu drehen,
ich, das losgelassene wilde und verletzte innere Raubtier, das Kleinkind im
"Ich scheiß auf alle Grenzen - Modus" Und so stand ich auch heute vor Dir,
als ich alles verraten, hinschmeißen und aufgeben wollte. In dem Moment
war ich auch sehr respektlos Dir gegenüber und hierfür möchte ich mich
von Herzen entschuldigen.

Danke, dass Du mir in dem Moment eine Grenze gesetzt hast, die klar
genug war, dass ich sie anerkennen konnte. Mir ist aber auch bewusst,
dass ich diejenige bin, die mir selbst diese Grenzen zu setzen hat.
Um endlich aufzuhören der inneren und äußeren Kinderzimmer - Schlacht
"Durchmarsch" zu gewähren.

In dem Film, den wir gestern zusammen auf Deinem aktuellen Seminar
gesehen haben, "Das kalte Herz" konnte ich mich selbst im Spiegel sehen.

Als Überlebensstrategie habe ich schon sehr früh mein warmes
pulsierendes liebevolles Herz verkauft und mit dem Herz aus Stein vorlieb
genommen. Aus der Ohnmacht wurden Allmachtgefühle, aus der
Traumatisierung die Heimzahlung.

Durch Deine Arbeit mit mir in vorangegangenen Einzelcoachings und
Seminaren liegen meine Präge - Ich - Anteile nun klar auf dem Tisch und
können nicht mehr "undercover" hinter den Kulissen agieren. Sie sind
enttarnt.

Für alles was ich tue und getan habe trage ich die volle Verantwortung Auch für das Aufhören. Der Weg ins erwachsene und ins wahre SEIN liegt also völlig klar vor mir. Gehen muss ich ihn selber, so wie Du Deinen gegangen bist. Aber ich hoffe, dass Du mich begleiten wirst, so wie Du mich auch an den Punkt meiner jetzigen klaren Innenschau geführt hast.

Mein Ziel ist ein wirklicher Mensch zu sein mit klarem Standpunkt, einem Rückgrat, mit einem liebevollen weichen Herz und dem Mut dies in die Welt hinauszutragen.

Ich danke Dir für alles und möchte Euch lieben Lesern da draußen Mut für den eigenen EGO - Check machen. Er führt über die ehrliche Innenschau in die Wahrheit und in die wahre Freiheit.

Alles Liebe R.

U.R.:
Einerseits ist es so, dass etwas in mir diese Grenze will, andererseits baut man sich sein Leben so auf, dass man sie meidet. Ich suche mir die Menschen aus, die nach meiner Pfeife tanzen, dazu gehört auch, dass sie mir nur so nahe treten wie ich es will. Das ist das Spiel. Innen drin fühlt es sich so an wie bei einem Kind das sich schon so eingeschrien hat, dass es nicht mehr aufhören kann. Mit diesem Knäuel ist es dann eigentlich auch nicht machbar einem anderen ehrlich eine Grenze zu setzen und somit ist wahre Liebe ausgeschlossen.

F.B.:
Das kenne ich sehr gut von mir. Ich habe mein Leben lang getan was ich wollte, ich habe immer manipuliert und die Menschen ganz schlecht behandelt. Ich hatte keine Ahnung, wollte keine Ahnung von einem anderen Umgang mit den Menschen haben und selbst wenn mich jemand liebevoll behandelt hat, habe ich das nicht zum Wandeln benutzt, sondern mit in meinen Dreck gezogen. Ich will/wollte grundsätzlich die Grenze von

außen haben. Wenn ich sie von meinen Eltern oder anderen Menschen bekommen habe, habe ich mich zurückgezogen, geschmollt und mir geschworen, dass niemand mich knacken kann. Ich habe in mir die Grenze so hingestellt, dass die Anderen mich nicht verstehen, und habe weiter gemacht wie immer. Grenzen in Form eines Unfalls oder Krankheit habe ich nicht als Grenze angesehen. Dadurch, dass ich nichts als Grenze anerkannt habe bin ich noch härter und noch kälter geworden.

Um ein liebender Mensch zu werden kann nur ich mir die nötigen Grenzen setzen. Diese Verantwortung kann ich nicht abgeben. Es fühlt sich so an, als wäre die Forderung nach Grenzen im Außen und das damit verbundene Ego-Verhalten ein Spiel bei dem alles erlaubt ist. Verantwortung zu übernehmen bedeutet menschliche Werte zu leben, mich dafür einzusetzen, wie Robin Hood, ohne eine Ausnahme.

G. H.:

Ich habe gerade das Buch Seelenheil gelesen und möchte gerne den Abschnitt auf Seite 346 mit Euch teilen. Wenn man Leben steht und Dinge in seinem Leben verändern will... mir haben dabei die Zeilen aus dem Buch Seelenheil geholfen um die Entscheidung auch nachhaltig zu stehen.

Die Entscheidung

Wenn Sie sich für Dinge oder Handlungsweisen entschieden haben, sollten sie dies mit Nachdruck tun. Ab diesem Augenblick gilt diese Entscheidung und sie ist mit aller Kraft zu tragen.

Wenn sich Veränderungen ergeben oder Sie die Intuition auf etwas aufmerksam macht das ihre Entscheidung revidiert oder eine neue Handlungsweise veranlagt werden Sie diese mit aller Klarheit und Eindeutigkeit treffen. Erinnern Sie den Lebensfluss, er trägt den Vertrauensvollen an sein Ziel!

J.I.: Vielen Dank für diese offenen Berichte und die Statements, beim nächsten Seminar bin ich auch dabei, finde es einfach nur gut, dass hier so ehrlich erzählt wird, was wirklich los ist. Danke

25.01.14

Not the ones speaking the same language, but the ones sharing the same feeling, understand each other.
Rumi

25.01.14

Fragst Dich auch manchmal?

WIE konnte in Deutschland solch ein Faschismus, Nazi-Terror, HOLOCAUST...???!!!

Das Zusammenspiel der Traumatisierten, Opfer/Täter=Ego, wenn das Ego nicht gestoppt wird, keine wirkenden Grenzen gesetzt, wird das verletzte Kindliche tyrannisch und nimmt alles was es kriegen kann und schlägt zurück!! Der Egoist ist ein viel größerer Täter, als das, was er aushalten musste... weil keine richtigen Grenzen.... zerstört er und tut mit seiner Gutmenschmaske oder ganz unverhohlen was er will!!!
Die Menschen Deutschlands haben in ihrem Wahnsinn tausende von Dörfern angezündet, die Menschen vergewaltigt und umgebracht, Menschen wurden schlimmer als Vieh gehalten und zu meterhohen Bergen als Tote zusammengetragen...
Und wie viele junge Menschen ließen ihr Leben auf den Schlachtfeldern um dieses Ego-Regime und die Menschen die ihm dienten in die nunmehr notwendigen Grenzen, Schranken zu weisen...

Und wie versucht man heute seinen Geliebten unters Kommando zu bekommen, nur weil man, einmal traumatisiert, Angst hat mit seinem Wesen ohne Ego-Spiele sich ganz offen vom Herzen zu begegnen?!

Ego-Reste vermasseln ein glückliches Leben, deswegen empfehle ich den Ego-Check!

S.U.: Wahrscheinlich potenziert es sich, je länger es keine Grenze gibt. Am Anfang hat man sich vielleicht noch zurück gehalten z.B. in der Beziehung. Aber das Ego lernt mit und am Ende findet man den Weg nicht mehr, raus aus seinem eigenen Schlachtfeld. Deswegen ist Hilfe, jemand dem man vertraut, wo man alles auch zeigen darf so wichtig.

T.M.: Die Täter des Nazi - Regimes haben all das getan, weil die Bereitschaft zur Tat durch ihre eigene Traumatisierung als Heimzahlungswunsch und - vorhaben bereits in ihnen war - und sie für diesen Wahnsinn durch die politische "Un- Ordnung" eben NICHT die Grenzen dagegen, bzw. sogar die Legitimation dafür bekommen haben... Macht zu missbrauchen, zu demütigen, zu stehlen und zu morden. JEDER sei dazu aufgerufen in sich selber nachzusehen, welche destruktiven Energien in ihm selber schlummern oder am Werke sind... Denn die Frage stellt sich für jeden... Was wäre wenn...? Bzw. wo kämpfen wir tagtäglich unseren ganz persönlichen Kampf gegen andere Menschen oder die Welt...? Ich nehme mich selbst davon überhaupt nicht aus. Deswegen bitte dringend: EGO - Check!!!!!

A.B: Ich habe vor einigen Tagen den Film die Welle gesehen und habe mich dann gefragt, wann hat es angefangen? Ich habe das Gefühl, es fängt viel früher an als ich es wahrhaben will und nur mit Hilfe sehe ich mein Verhalten, entscheide mich anders und komme in die Liebe

F.N.: Es ist kaum zu glauben, zu was Menschen in der Lage sind! Und alles zerstören was Ihnen vor die Flinte kommt. Ich glaube auch, dass fast jeder kriminelle Energien in sich trägt und oft nur versteckt austeilt.

Danke Satyam dass es Dich gibt, um den Schmarrn in einem endgültig in die Wüste zu schicken

25.01.14

Verstehen & Integrieren

Retreat mit Satyam S. Kathrein 20.-25.02.14

26.01.14

Noch´n Gedicht... von MEISTER Jed McK.

Hey, lachte der Guruji seiner tausendfachen Anhängerschaft entgegen... ist doch alles ganz einfach...

Und es stimmt wahrscheinlich. Wenn es Zufriedenheit ist, wonach jemand sucht, dann scheint es zumindest oberflächlich betrachtet ein gute Idee zu sein, dem Betreffenden zu raten, nicht mehr unzufrieden zu sein, ihm zu sagen, sein Problem bestehe nicht darin, dass ihm etwas fehle, was er wolle, sondern vielmehr wolle er etwas, das ihm fehle, und sobald er damit aufhören würde, es zu wollen, werde es ihm auch nicht mehr fehlen.

Das wäre in Ordnung, wenn sie nur über Zufriedenheit und Glücklichsein sprechen würden, aber sie - und mit sie meine ich die komplette Liste von Autoren und Lehrern, deren Lebensunterhalt und Ruf darauf gründet, für diese Art von Gefängnisideologie einzutreten - beziehen es auf Erleuchtung, Erwachen, Buddhaschaft und Wahrheit.

An all dem ist nichts neu oder überraschend. Es ist die Standard-Verfahrensweise abwehrender Unwissenheit, nur ein weiterer Tag im Büro für Maya. Wie hält man Leute in einem Gefängnis ohne Schlösser fest?

Indem man sie daran hindert, unzufrieden zu werden. Ist doch ganz einfach!

Das Problem besteht in ihren Augen darin, dass spirituelle Sucher meinen, sie müssten den Berggipfel erklimmen, wo ihrer Vermutung nach solche Spitzenindividuen wie Buddha und Jesus wohnen.

Doch die Sucher leisten keine besonders gute Arbeit - eine recht gefahrlose Methode, totales Versagen zu interpretieren.

Statt die eigenen Vorstellungen von Jesus, Buddha und Berggipfeln zu überdenken, versucht der spirituelle Lösungsfinder dem Problem beizukommen, indem er Etiketten austauscht.

Nun ist das Tal bereits der Gipfel, und jeder ist bereits erleuchtet, sofern er dem Etikettentausch zustimmt. Das neue Ziel ist genau hier, genau jetzt und muss nur noch als solches erkannt werden. Voilá! Totales Versagen ist jetzt totaler Erfolg.
Frieden ist Krieg. Gefangenschaft ist Freiheit. Unwissenheit ist Wissen. Schlafen ist Wachsein.

Dies ist so orwellhaft, so dreist und doch so raffiniert, und es repräsentiert auf so elegante Weise den Selbstbetrug, zu dem der auf Angst gründende Geist fähig ist, dass es in mir starke Gefühle von Bewunderung und Respekt für Maya hervorruft. Ich sage dies ohne jede Spur von Ironie. Ich kann mir nichts Faszinierenderes, Liebreizenderes oder Anerkennenswerteres vorstellen als Maya, die Architektin der Täuschung, die Intelligenz der Angst. Unser geliebter Big Brother.

> D.K.: Wer Zufrieden ist bewegt sich nicht. Aber zufrieden sein heißt, nicht wahr sein. Es heißt nur, dass ich gerade in diesem Moment nicht so viel ‚Angst' habe und gefüttert werde. Egal mit was. Aber man wird

Bauchschmerzen bekommen. Wenn man sie nicht schon längst hat. Es kann nicht funktionieren.

27.1.14

YouTube-Video: RTL Dschungel-Camp - Ich bin ein Ego, hol mich hier raus!!

27.01.14

Das spirituelle EGO neigt zur SELBSTHYPNOSE, meint es wäre erwacht....

M:
Satyam, Du schriebst am 26. September 2013: "sig´st...typisch Sannyasser... kein Arsch in der Hose wirklich in Kontakt zu gehen.." Lieber Satyam, um mit Dir "wirklich" in Kontakt zu gehen, müsste mein Mind auf der Suche nach der Wahrheit sein. Da er sich aber im Jahr 2009 seines Zentrums bewusst wurde, hat er alle Macht verloren. Gedanken sind da, doch ohne große Wirkung. Emotionen sind da, doch verschmelze ich mit ihnen. Was also könntest Du mich lehren, was aus der Quelle meines eigenen Bewusstseins kommt?
vor einigen Sekunden

Satyam:
Fakt: Du erzählst und drehst Dich nur um Dich selbst, wie Dein ganzes Leben lang... Lachyoga hältst Du immer noch für ein helfendes Mittel... was machst Du für andere was Ihnen hilft aus der Illusion aufzumachen...wo ist Deine Trauer über die vielen Perlen Osho´s die es nicht geschafft haben..., Lieber Monas, bin 1999 erwacht und aus dieser Kompetenz sage ich Dir wie auch bereits in unserer letzten Einzelsitzung vor 10 Jahren, Du bist ein egomanischer Narziss der sich wie immer nur begeistert um sich selbst dreht, um seinem kleinen Leben nicht ins Auge schauen zu müssen...

...empfehle das Kapitel aus dem Ego-Buch unseres Meisters Osho über das spirituelle Ego... alles Liebe Satyam

Ende der Chat-Unterhaltung

R.A:
Obwohl selber noch nicht erwacht, aber auf dem Weg, kann ich aber jetzt schon zu dem was M. schreibt sagen: Jemand der wirklich ERWACHT ist, würde so einen respektlosen Bullshit niemals schreiben. Für mich trieft aus M´s. Worten, die für mich im übertragenen Sinne aussagen: Satyam, bevor ich mit DIR rede, müsstest Du erstmal verstehen wo der Hammer hängt... jede Menge egomanisches Selbstverständnis. Von Freundschaft und Liebe leider keine Spur...

G.I: Ich kenne das von mir selber, dass man sich selbst schon für weit hält und wenn man sich selbst tiefer ergründet und sich von einem Meister checken lässt, sieht man erst wo man wirklich steht.... Und ich kann von mir sagen ...ich bin noch nicht da angekommen wo ich glaubte zu sein. Denn tiefer und tiefer sehe ich wie und wo ich noch meine Egofäden ziehe.

D.K.: Wer behauptet mit seinem Zentrum verschmolzen zu sein, von dem erwarte ich eine Antwort. Ein einfaches: atme dich in dein Zentrum... geh zur Quelle...bla, bla empfinde ich, als intelligenter Mensch als Beleidigung! Ich will wissen wie man den Drachen tötet. Ja, ich weiß, dass es den Drachen nicht wirklich gibt und doch regiert er offensichtlich die Welt und er ist in mir und Licht und Liebe blühen nicht. Satyam konnte mir diese Antwort geben.

28.01.14

ALLE WISSEN BESCHEID:
Jeder traumatisierte Mensch (wir alle) reagiert gleich, jede Transformation

über die Ego-Komfort-Zone hinaus wird kollektiv über panische Angst die man plötzlich in sich selbst erzeugt, verspürt, die trägt, verhindert (dieselbe Angst die einem während der ersten Kindheitstraumatisierung widerfuhr).

Man sagt lieber: "Ich liebe Dich nicht!", als sich von seinem Wesen, dem Seelensein von Herzen dauerhaft zu öffnen.

Oder (wie fast immer) trifft beidseitig den "Kompromiss": "Ok, leben wir halt so miteinander wie es geht!", innerhalb fester Kontrolldramen.

Unter 1000 spirituellen Suchern geht höchstens einer über dieses scheinbar felsenfeste Gebot der anstehenden Seelenreise.

Hier endet jegliche Therapiemöglichkeit und es beginnt das große Feld der Scharlatane! Versprechungen, Heilsteine, Guruji-Sangha, Bestseller und das Schlimmste:

Alle, ob Therapeuten, Hilfesucher, Sangha-Aktionist oder die, die längst aufgegeben haben, auch der fleißige Retreatteilnehmer, sitzen im selben Boot der Titanic und zeigen keinerlei Verantwortung, versuchen nur ihr Schäflein, ihren Ego-Schatz, zu retten!

Und das "Beste", alle tun dann so als wäre nichts!

Aber ein Phönix, ein Paulus ist keine Option! Nur das Ego-Köpfchen bleibt arrogant über Wasser zum Himmel gereckt!

Somit wurde nur eins erreicht, ein innerer und äußerer HOLOCAUST ist jederzeit möglich!

29.01.14

WACH AUF!!! STOPPT Scharlatane... Wake up, stop the fake Guruji-Business..

YouTube-Video: "Kumare" Fake Guru earns real following

E.O.: Erschreckend und faszinierend zugleich... wie leicht man Menschen verführen bzw. hinters Licht führen kann und da soll noch einer sagen, innerer und äußerer Holocaust ist heute nicht mehr möglich...

Don Satyam Kathrein: ...und wie gerne jeder halbgare Spiri genau dies auch machen würde, nur ohne es jemals aufzulösen...

30.01.14

EGO-CHECK z.B.

Sie, Angst vor Nähe - Er Angst vor Nähe. Seit 5 Jahren ein Paar. Jeder will die Kontrolle, Macht in der Beziehung, versucht den anderen in sein ihm mögliches Liebesspiel einzuordnen. Fazit: Läuft auf allen Ebenen unbefriedigend!

Ego-Check: Verstehen - Mut über den eigenen Schatten zu springen - neue Nähe von Wesen zu Wesen, Herz zu Herz zulassen, experimentieren - wenn Angst hochkommt, sie als das einordnen, was es ist - weiterhin offen der Liebe folgen...

Fazit: Wunderbares Gelingen - tiefe Verbundenheit, Freundschaft, Liebe - köstliches Miteinander - Kinder - Familie - Berufung leben - bis ins hohe Alter füreinander da! neo-holistic-institut.de

J.O.: Was hinter der EGO - Komfortzone auf uns wartet ist so viel schöner als das innere und äußere Gefängnis das wir uns selbst geschaffen haben... Kaum zu glauben, wie sehr es jeder von uns es doch verteidigt... Deswegen hilft der EGO - Check, endlich den Mut aufzubringen, sich der Welt mit offenem Herzen wieder zu zeigen

30.01.14

Genau!

M. A.:
Liebe I., ich glaube genau so ist es. Dein Ego redet dir ein es sei du, und um diesen Betrug aufrecht zu erhalten, muss es dich davon abhalten zu erkennen, wer du wirklich bist. Deshalb erzeugt es oft sehr tiefe Ängste, wenn du in Begriff bist, genau das zu tun. Ganz alleine mit dir selbst zu sein, ohne jede Identifikation in die sich das Ego flüchten könnte, eröffnet dir die Möglichkeit zu erkennen, dass diese Einsamkeit gar nicht existiert, sondern du der Geist bist, der eins ist mit allem was ist und der jede Angst in Liebe auflöst. Dein Ego, das nur durch die Illusion der Trennung besteht, muss dich davon abhalten durch dieses Tor der Erkenntnis zu gehen, so schürt es Ängste und Panik davor.

Das ist der Grund, warum es jedem von uns so schwer fällt ganz mit sich alleine zu sein, warum wir alle aus dem Jetzt flüchten, uns stets mit etwas beschäftigen müssen und mit etwas identifizieren müssen. Lasse alles los, auch das Bekämpfen des Egos, lasse alles zu, auch jede Angst.

Tue gar nichts, verweile nur im Sein, und siehe was passiert. Vermutlich wird es nicht lange dauern und du wirst dieses Nichtstun verlassen wollen – DAS ist dein Ego, das sich vor der Wahrheit fürchtet, deinem wahren selbst, dem göttlichen Geist!

E.L.: ...genau so erlebe ich es auch immer wieder... und es ist gut dies hier zu lesen..

H.P.: Genau vor diesem Phänomen stehe ich auch noch oft und es ist der Wahnsinn, wie geschickt das Ego einen innerlich doch immer wieder auf Trab halten kann. Dank Deiner intensiven Arbeit, Satyam, mit mir, kann ich allmählich mehr und mehr loslassen und innerlich entspannen und die Dinge wahrnehmen wie sie sind. lg

31.01.14

Zu lieben und Liebe zu brauchen ist zweierlei...

„Fülle dein Leben mit Liebe. Aber du wirst sagen: ‚Wir lieben doch immer'. Und ich sage euch, ihr liebt sehr selten. Ihr mögt euch nach Liebe sehnen ... aber zwischen diesen beiden besteht ein enormer Unterschied.

Zu lieben und Liebe zu brauchen ist zweierlei. Die meisten von uns bleiben ihr Leben lang wie Kinder, denn alle suchen nach Liebe. Zu lieben ist sehr geheimnisvoll, sich nach Liebe zu sehnen ist sehr kindisch.

Kleine Kinder brauchen Liebe, und wenn die Mutter ihnen Liebe gibt, können sie wachsen. Sie möchten auch Liebe von anderen, und die Familie liebt sie. Wenn sie dann älter werden, wenn sie zu Ehemännern werden, wollen sie Liebe von ihrer Frau, wenn sie zu Ehefrauen werden, wollen sie Liebe von ihrem Mann. Und jeder, der Liebe haben will, leidet, denn Liebe kann man nicht fordern, Liebe kann man nur geben.

Es gibt keine Garantie sie zu bekommen, wenn du sie forderst. Und wenn die Person, von der du sie erwartest, auch von dir Liebe erwartet, dann ist das Problem da, es ist, als ob sich zwei Bettler treffen und sich gegenseitig anbetteln. Überall auf der Welt gibt es Eheprobleme zwischen Mann und

Frau, und der einzige Grund dafür ist, dass beide voneinander Liebe erwarten aber unfähig sind, sie zu geben.

Denk ein wenig darüber nach – deine ständige Sehnsucht nach Liebe. Du möchtest, dass dich jemand liebt, und wenn dich jemand liebt, dann fühlst du dich gut. Aber was du nicht weißt, ist, dass der andere dich nur liebt, damit du ihn liebst.

Es ist wie der Köder für einen Fisch: Der wird dem Fisch nicht zum Fressen hingeworfen, er wird dem Fisch hingeworfen, damit er gefangen werden kann. Der Angler will ihn dem Fisch nicht schenken, er macht es nur, um den Fisch zu fangen. Alle verliebten Leute, die du um dich herum siehst, werfen nur Köder aus, um Liebe zu bekommen.

Für eine Weile werfen sie Köder aus, bis der andere das Gefühl hat, er könnte von dieser Person Liebe bekommen. Dann wird auch er etwas Liebe zeigen, bis sie schließlich beide bemerken, dass sie Bettler sind. Sie haben einen Fehler gemacht: jeder dachte, der andere wäre ein Kaiser. Und allmählich bemerken beide, dass sie vom anderen keine Liebe bekommen, und jetzt fangen die Spannungen an."

Osho, The Path of Meditation

K.I.: Es ist bitter aber leider wahr. Und das Ego ist so schlau, dass es sich und anderen das 'Nicht-Geben' auch als 'Geben' verkaufen kann aber nichts ist ehrlich solange es noch Schatten gibt.

S.F.: Ich bin betroffen! - weil es wahr ist, dass ich nur ein Kind bzw. Bettler bin.

01.02.14

BUCH wandelt !!!
Aus EGO-CRASH wird EGO-CHECK

Hallo Satyam,
bin noch dabei fertig zu machen, habe heute Nacht bis gegen zwei Uhr gemacht, habe es aber nicht ganz fertig geschafft, es ist ein tolles Buch und es ist gut, das jetzt alles nochmal zu lesen. Mir wird dabei immer deutlicher, wie wenig ich mich mit mir auseinandergesetzt habe, fast alles was in dem Buch steht trifft auf mich zu und wenn ich mich dafür interessiert hätte um was es wirklich geht, dann hätte ich damit gearbeitet.

Aber mir ging es eigentlich nur darum Deine Energie zu haben und das intellektuell zu verstehen, aber nicht zu integrieren. Die Mechanismen und Zusammenhänge wie das Ego funktioniert und wie man auch rauskommt, werden so genau beschrieben und auch mit den Geschichten verdeutlicht, das ist ein hoch wissenschaftliches Buch über die menschliche Psyche und Seele und müsste eigentlich für jeden Therapeuten eine Pflichtlektüre sein. Es ist beim Lesen wie ein Krimi, ein Thriller, weil auch alle Abgründe des menschlichen Verhaltens so deutlich beschrieben werden.

Für mich war das gestern ein Tag, an dem ich ohne dass ich mich mit irgendetwas abgelenkt habe an dem Text und an den Flyern gearbeitet habe. Es war nichts zu viel, es war eine ZEN-Übung und seit langem das erste Mal das das Arbeitszimmer den Namen auch verdient hat. Wahrscheinlich brauche ich noch den Vormittag um alles fertig zu machen, ich melde mich aber gleich nochmal über Skype bei Dir.

Liebe Grüße
H.

01.02.14

HALLO....Champagne for everybody...let´s celebrate the newest outcome...
♥ ♥

EGO-CHECK ...jetzt ist alles möglich! Neu erschienen im BoD-Verlag

03.02.14

Der Weg ins Glück - Erfolg garantiert

E.K.:
Nach diesem Weg habe ich jahrzehntelang - und das ist nicht übertrieben - gesucht, weil ich immer das Gefühl hatte, irgendetwas fehlt, ich war nicht wirklich mit mir und meinem Leben verbunden.

Meine Reise begann mit verschiedenen Therapien, dann besuchte ich viele spirituelle Wachstumsseminare und erkannte und erfuhr dort auch, was mir fehlte...Selbstliebe, Zusammensein mit Menschen frei und authentisch, u.v.a. Diese Erfahrungen sog ich auf wie ein Schwamm und bin jedes Mal mit neuen Erkenntnissen und guten Vorsätzen nach Hause gefahren.

Eine Weile konnte ich dies auch aufrecht erhalten, vor allem solange mein Leben einigermaßen reibungslos verlief. Aber im Laufe der Zeit fiel ich mehr und mehr in die alten Strukturen zurück. Ich suchte weiter und versuchte es mit einem anderen Ansatz - es gab schließlich genügend neue Angebote an spirituellen Methoden und Lebenskonzepten.

Last not least - den Weg ins Glück fand ich nicht. Warum? Weil ich das neue Wissen und die positiven Erfahrungen, die ich machte, nicht integriert habe und sich somit in meinem Leben auch nicht wirklich etwas verändern konnte.

Ich habe mich letztlich ca. dreißig Jahre im Kreis gedreht. Und der Grund dafür lag nicht im Außen, sondern in mir. Ich habe sozusagen versucht auf ein morsches Fundament ("kranke" Vorstellungen, Überzeugungen von mir und dem Leben, entstanden in der Kindheit) ein neues Haus (die, die ich in Wahrheit bin) zu bauen. All meinen spirituellen Weggefährten erging es nicht anders.

Und das war - und ist es leider immer noch - der Knackpunkt! Kein spiritueller Lehrer/Meister geschweige denn Therapeut arbeitet an dieser Thematik - nämlich dass unser Ersatz - Ich, das Ego, jegliche Veränderung boykottiert und erst durch die Aufdeckung seiner Strukturen und Mechanismen der Weg ins Glück im wahrsten Sinne frei geschaufelt werden muss.

B. Würtenberger beschreibt zwar in "Flucht und Auswege" diese Thematik, aber arbeitet er auch mit seinen Seminarteilnehmern daran? Oder Robert Betz, Veit Lindau und v.a.? Aus eigener Erfahrung weiß ich, dass man das Ego nicht mit Liebe erlösen kann, es ist nämlich unersättlich wie ein schwarzes Loch und vor allem ein echter Machtbolzen.

Deshalb verstehe ich auch die Reaktionen vieler auf die Postings von Satyam Kathrein - mein Ego reagiert nicht anders drauf - und deshalb weiß ich auch, dass er mit seiner schonungslosen Aufdeckung absolut für die Wahrheit und das wahre Glück - das Grundrecht jedes Menschen - kämpft - aus Liebe zu unserem wahren Sein!

Ohne die direkte Arbeit mit einem Coach, der die Klarsicht und Weisheit eines wahren Meisters hat, ist es fast unmöglich - so meine Erfahrung - die Wurzel allen Übels ausfindig zu machen und sie buchstäblich auszureißen, denn wir alle sind in dieser Hinsicht betriebsblind.

Jedem, der wirklich und ernsthaft sein wahres Sein entdecken und leben möchte, empfehle ich einen Ego-Check bei dem Meistercoach Satyam

Kathrein. Dies ist das größte Geschenk, das du dir machen kannst und außerdem gewinnst du dadurch wertvolle Lebenszeit, weil du dann den Schlüssel zum Glück erhältst - Erfolg garantiert!
Mit lichten Grüßen
E.

D.R..: Ich glaube bei den meisten Suchern fehlt genau dieser Punkt. Wo sie mal ganz ehrlich Bilanz ziehen.

04.02.14

HAUPTGEWINN: Beim letzten 3D Retreat - WHO AM I ?

Wer das Tier auf dem Foto errät, bekommt einen Bonus für das nächste Retreat: 20.-25.02.14 ♥ ♥ ♥

05.02.14

Das Neue - aus dem Buch Mut von Osho

Du kannst das Neue nicht in Dein Leben bringen; das Neue kommt von selbst. Du kannst es nur annehmen oder abweisen.

Nur das Neue kann Dich transformieren, einen anderen Weg der Transformation gibt es nicht. Aber denke daran, dass es nichts mit dir und deinen Anstrengungen zu tun hat. Was nicht etwa heißt, dass du jetzt gar nichts mehr tun sollst, sondern dass du ohne einen Impuls aus deiner Vergangenheit handelst und dich nicht von ihr leiten lässt. Die Suche nach dem Neuen kann keine gewöhnliche Suche sein - es geht ja um das Neue. Wie kannst du danach suchen? Du kennst es ja gar nicht, du bist ihm noch nie begegnet. Die Suche nach dem Neuen ist eine Entdeckungsreise mit völlig offenem Ausgang. Du weißt nichts darüber. Du musst es ohne Wissen antreten, du musst unschuldig wie ein Kind an die herangehen, voller

Begeisterung über die Möglichkeiten, die sich daraus ergeben können - und diese können unendlich sein.

Du kannst nichts tun, um das Neue zu erschaffen, denn was immer du tust, wird den Charakter des Alten und den Geschmack der Vergangenheit in sich tragen. Aber das bedeutet nicht, dass du aufhören sollst zu handeln. Es geht vielmehr um ein Handeln, das nicht von einem Willen, einer Ausrichtung oder einem Impuls aus deiner Vergangenheit beherrscht ist. Ein solches Handeln ist meditatives Handeln. Handle spontan! Lass den Augenblick entscheiden. Dränge ihm nicht deine Entscheidung auf, denn diese Entscheidung entstammt der Vergangenheit und wird das Neue zerstören. Handle einfach wie ein Kind aus dem Augenblick heraus. Verliere dich ganz und gar im Augenblick. Dann öffnest du dich jeden Tag aufs Neue, dann schenkt dir jeder Tag neues Licht, neue Einblicke. Und diese neuen Einblicke werden dich verändern. Eines Tages wirst du auf einmal merken, dass du jeden Augenblick neu bist. Es wird dir nichts Altes mehr anhaften, nichts Altes wird mehr wie eine Wolke über dir hängen. Du bist wie ein Tautropfen, frisch und jung.

06.02.14

Und noch eine - für mich - aufschlussreiche Mitteilung von Osho, warum ein Jesus oder Buddha so selten sind: Weil die Gesellschaft kein Interesse daran hat

Osho:
Die Gesellschaft existiert auf Kosten des Individuums, das ist bis auf den heutigen Tag so gewesen. Dem Einzelnen wird nicht erlaubt, sich selbst vollständig auszudrücken. Er muss sich unterdrücken, und die Gesellschaft hat damit ein Mittel an der Hand, dich auszubeuten.

Die unterdrückte Energie ist für viele Absichten und Zwecke genutzt worden: für Kriege, für Politik und für Ausbeutung. Ich bin gegen jegliche Unterdrückung, ich bin für natürliches Wachstum.

Ich bin nicht gegen Disziplin, ich bin gegen Unterdrückung. Disziplin ist etwas Kreatives, sie ist nie gegen etwas, sie ist immer für etwas. Ich bin zum Beispiel für eine Disziplin der sexuellen Energie, ich bin nicht dafür, sie zu unterdrücken. Sexuelle Energie muss sich in kreativer Weise entfalten dürfen, sie sollte nicht unterdrückt werden. Wird sie unterdrückt, pervertiert sie und du wirst unnatürlich.

Sich frei auszudrücken bedeutet, mehr als natürlich zu werden. Wenn du nicht mehr als natürlich werden kannst, ist es besser, natürlich zu sein statt pervers. Alle Kulturen der Welt sind pervertierte Kulturen.

Deshalb wird so selten ein Buddha oder ein Jesus geboren. Andernfalls wären Buddha oder Jesus der Normalfall, nicht die Ausnahme. Wenn die ganze Gesellschaft kreativ und nicht repressiv wäre, wäre ein Buddha keine Ausnahme. Dann wäre es eine natürliche, ein ganz normale Angelegenheit, ein Buddha zu sein.

Osho: The Eternal Quest

07.02.14

Liebe Freunde,

wenn Euch Klartext nicht gefällt und Ihr darauf nicht reagieren wollt zeigt das eben auch das Ego, das riecht förmlich... und will auf gar keinen Fall einen Ego-Check!
Aber was Ihr nicht bedenkt: Die Wirklichkeit, die Realität ist tausendmal schöner, als das Wolkenkuckucksheim, der Ego-Elfenbeinturm... Erst dann

gelingt Liebe, Freundschaft ohne reine Bedürfnisbefriedigung, ohne Kontrolldramen, die Ihr alle nur zu gut kennt!!!

liebe Grüße Satyam

M.A.: Ja, das Ego zu verleugnen ist seine mächtigste Waffe!

K.H.: Hallo, ich beschäftige mich schon sehr lange mit meinem Ego und dem wahren Sein. Was ich nur sagen kann ist... So wie du es versuchst an den Mann zu bringen scheint es, dass dein Ego nach Befriedigung schreit! Dieses Geltungsbedürfnis hat im Sein nichts verloren. Vielleicht solltest du nochmal an dir arbeiten

M.A.: Wer oder was beurteilt andere?

S.O.: Hat Jesus als er die Geldwechsler mit der Peitsche aus dem Tempel vertrieb Klartext gesprochen? Ja. Hat er andere 'beurteilt'? Ja. 'Verurteilt' ist ja nochmal was anderes. Zu meinen es ist immer das Ego, das beurteilt ist, wie ich finde, auch der Trick der Eso/Spiri Szene zu nichts wirklich Stellung zu beziehen. Alles ist bei allen erlaubt. Aber so stimmt es einfach nicht.

08.02.14

Hallo Satyam,

...nachdem Du mir gestern einiges am Telefon gesagt und erzählt hast habe ich den Wahnsinn in mir gesehen, gespürt, wo ich hin will.

Es tat mir unheimlich leid, dass ich keine Freundin bin und dass ich total gern einen unheimlich schönen Geburtstag für die B. machen würde. Keine Ahnung wie, aber dass sie sich vom Herzen freut, denn das hat sie verdient.

...dann habe ich aktiv nein gesagt, und das nur, weil ich meine Täterschaft nicht aufgeben wollte. Dabei geht mir dieses Spiel schon ewig auf die Nerven und ich wollte da nie mitspielen, habe mich aber gefügt und jetzt muss ich erkenne, dass ich mich zwar unheimlich über das Ego aufregen kann,

mir das Spiel aber unheimlich viel Spaß macht und es total lecker ist.

Dass ich mir sage ich könnte in dieser Welt nicht klarkommen, wenn ich nicht mitspiele. Das stimmt aber nicht.

A.

08.02.14

Verändert sich der MENSCH?!

NEIN, er mogelt sich ein Leben lang drumherum...

...bei 98-99% Traumatisierung in der Gesellschaft und nur einem von 1000 Suchern der für die Transformation über die Ego-Komfortzone hinaus sich bemüht... ...ist eine tatsächliche Evolution unmöglich... !!!

JA, auch bei "Findern" in Therapie, Guruji-Sanghas, Vegan & Co ist kein wirkliches Fortkommen festzustellen und auch bei Langzeit-Swamis von OSHO oder Lama Sowieso ist der Sinn des Lebens, die Hürde der Transformation nicht gemeistert!!!

Ihre sämtliche Energie ist gefangen im Festhalten an ihrem Schatz, dem Ego-Dickkopf! Nur im Verkaufen ihrer Spiri-/Gutmenschmaske mit anschließendem Missbrauch, Verrat, Berechnung sind sie bärenstark - nur täusch Dich nicht - der liebe Gott sieht alles!!!

Ok, dann schau halt in Dich hinein, ganz ehrlich hinein, bei 98-99% bist Du sicher auch dabei... und wenn's dann die Möglichkeit eines Ego-Checks gibt möchtest Du ihn machen? Sofort betritt ein dickes NEIN die Bildfläche über die Gedanken und Gefühle... ...so sind Klartexte zwar interessant aber mehr auch nicht!!! Na dann Prost !!!

B.M.. glaub dem schon, das wir bei jeder Sache dem Ego-Dickkopf nahe sind..., tut mir leid, bin noch nicht so ein "Experte" in solchen Unterhaltungen, jedoch denke ich, dass, jedes Mal, wenn unser Verstand einsetzt und uns irgendwas erzählt, wir in dem Ego - Dickkopf sind. Das Ego ist immer dabei und erzählt uns immer seine Version. Wahrscheinlich schreibe ich dies hier auch mit dem Ego-Dickkopf, aber beides ist doch nicht zu trennen, außer, wenn in dem „Jetzt" leben ..... was auch schnell wieder vergessen wird. Zu einem Ego Check würde ich nicht Nein sagen, ich denke viele andere auch nicht... das Ergebnis würde dann vielleicht nicht immer so gefallen, aber so ist das nun mal....

Satyam Kathrein: ...dann komm halt mal... ☺

09.02.14

R.I.:

Ja, ich kenne Bedürfnisbefriedigung und Kontrolldramen. Mein ganzes Leben besteht daraus. Ich durfte auch die wirkliche Liebe und Freundschaft kennen lernen. Um Liebe und Freundschaft zu leben gehört eine klare Entscheidung gegen alle Bedürfnisbefriedigung und jedes Machtgebaren. Ich wusste schon in meiner Kindheit worum es geht, habe mich dann damit abgefunden und mitgemacht.

Es fällt mir zwar schwer den schon 40 Jahre gelebten Ego-Spielen abzuschwören und in die viel schönere Realität aufzubrechen..... aber dank dem Ego-Check wird aus Vernebelung Klarheit, und das Schöne ist, es ist egal, was in der Vergangenheit war – ich kann mich in jedem Moment neu entscheiden, dem Ego abschwören und in der Realität und Liebe leben......

Am Anfang ist der Ego-Check

10.02.14

..ein weiteres HIGHLIGHT ! ♥

Buddha-Natur Schritt für Schritt von Satyam S. Kathrein
jetzt neu erschienen im BoD-Verlag

Guten Morgen Freunde... was, schon wieder ein neues Buch, und das Ego wird stinkig..! Trotzdem Freunde, es ist wunderschön geworden und wertvoll zu lesen... ☺

L.P.: Wirkt total inspirierend! Danke!

P.B.: Das hört sich wundervoll an, freue mich schon darauf das Buch zu lesen ♥

11.02.14

Was mir klar geworden ist:

S.R.:
Wenn wir im EGO sind, leben und handeln wir wie Roboter - wie Marionetten. Durch unsere Traumatisierungen wird alles in uns fremdgesteuert, ob wir uns auflehnen oder anpassen, ein Freiheitskämpfer geworden sind oder ein Opportunist, ob wir den Lebensplan unserer Eltern

leben oder genau das Gegenteil davon (von dem wir uns dann glauben es sei unser eigener) - alles geschieht aus unserer Prägung und auch aus unserem Widerstand heraus - und nicht aus unserem wahren Sein. Was also von all dem sind wir wirklich?

Wenn wir diesen Modus nicht verlassen, haben wir niemals die Chance unser eigenes Leben und unsere wahre Bestimmung zu leben, denn: wir reagieren auf Knopfdruck.

Bei einer bestimmten Aussage reagieren wir so, bei einer anderen immer so, wenn jemand nett ist, sind wir entweder auch nett oder das Gegenteil, weil wir freundliche Menschen nicht mehr leiden können. Zieht einer unsere Strippen in die eine Richtung bewegen wir uns dahin, dann in die andere... Je nachdem wie der Marionettenspieler das will... Es ist einerseits so easy und andererseits so crazy - vor allen Dingen dabei auch noch zu denken, wir würden ein freies Leben führen...

Der EGO - Check hilft uns weiter zu sehen, wo wir stehen und wo wir uns überall was vormachen und uns mit unserem "falschen ICH" identifizieren...

13.02.14

WER EINFACH aus GEWOHNHEIT immer RECHTS ABBIEGT (Saulus) - kann bei aufkommenden Wind nicht mehr LINKS abbiegen (Paulus)

Traumata zwingt einen sich nach innen zu verstecken und daraus entsteht ein kindlicher Gnom, der aber die Zügel der Handlung in der Hand behält.

Meist findet aber kein Lerneffekt statt (Sinn des Lebens), sondern dieses Handlungszentrum erzeugt auf der Lebensbühne ständig künstliche Bedrohung (Wolkenkuckucksheim) um den Status des ICH MACH WAS ICH

WILL (Macht statt Ohnmacht) über diese Existenzbedrohung aufrechtzuerhalten.

Damit tritt einher, Ziele aus dem Ego heraus anzusteuern und mit der Gutmenschmaske (vor sich selbst und den anderen) getarnt umzusetzen. Da aus der traumatischen Zeit noch etliche Rechnungen offen sind, handelt man seitdem aus "Vorsicht" und vor allem aus begründeter Heimzahlung, und - weil einem keiner Grenzen setzt.

Auch Therapie und Guruji können mit ihren Methoden innerhalb der Ego-Komfortzone an dieser feststehenden Tatsache nicht rütteln. Wer ganz ehrlich in sich reinschaut kann dies in sich beobachten und bemerkt wie eingefleischt diese Mechanismen fast immer greifen.

An dieser Stelle stehen 98% der Sucher/Finder und arrangieren sich mit dem psychischen/spirituellen Hilfspersonal indem man hier nicht hinschaut und auf besseres Wetter hofft!

Was kann man tun? Ehrliche reale Bestandsaufnahme und von der Handlungsebene des kindlichen Gnoms auf die Ebene der Seele wechseln.

Und mit der Genauigkeit einer Lupe und der absoluten Selbstdisziplin das Restego aus dem gesamten Körper, Geist-System entfernen.

Das ist die einzige Chance dorthin zu gelangen wo wir uns alle vormachen so lala bereits zu sein...!

> U.S.: Der Text ist sehr hilfreich für mich. Danke! Das Ganze kenne ich von mir sehr gut, dass man meint, man ist ein guter Mensch und die Traumatisierung die man in seiner Kindheit erfahren hat, egal wie schlimm es war (es ist längst vorbei) einem die Berechtigung gibt, so mit anderen Menschen umzugehen wie man will. Wenn ich mir das nicht jeden Moment klar mache und stoppe jeden Gedanken und jedes Gefühl, der aus dieser Ecke in mir kommt, dann habe ich schon

verloren, weil ich mich und mein Wahres Sein verrate für eine billige Lüge, die mich angeblich rettet vor dem Bösen. Genau umgekehrt ist es aber. Ich bin dann der Täter wenn ich mich dem hingebe.

M.A.: Wie erfolgt eine ehrliche Bestandsaufnahme? Ich weiss von mir ja, wie eingefleischt es ist. Nur wenn die Angst nicht wäre. Bin schon des Öfteren nach links abgebogen und ui, siehe an, das fühlt sich befreiend an und die Menschen die es mit betrifft sind erstaunt uvm. Nur kommt dann das nächste Problem und es geht wieder von vorne los. Hm Selbstdisziplin. Ich horch da mal genauer hin.

Satyam Kathrein: Komm einfach... ♥

K. H.: Du solltest mit dem Wort Traumata vorsichtig umgehen. Ich kenne z.B. aus meiner eigenen Arbeit einen Mann, der mit vier Jahren bereits von seiner Mutter an Freier verkauft wurde bis er ca. 18 oder 19 Jahre alt war. Er hat auch nur unregelmäßig zu essen bekommen etc. Diese Art von Trauma und den daraus resultierenden Folgen, kann man nicht einfach so besiegen. Das Wort Trauma wird mittlerweile schon im Ausverkauf gehandelt... Da du den Weg aus dem Ego heraus genau beschreibst, wäre es gut, das Wort Trauma angemessener zu benutzen!

Stayam Kathren: K., merkst wie Dein Ego pumpt?!!! Wie Du meinst mich maßregeln zu wollen?? Kein Wunder, denn Dein Ego-Rest vermasselt Dir die wirkliche Hilfskraft... Empfehle: Nachschulung, und vor allem Ego-Check!!!

K.H: Supertotschlag-Argument und keine Antwort! Ich empfehle dir eine meiner Jahresgruppen, oder bist du schon erleuchtet? ;-))))

K.H.: Ob die Gruppe für dich in Frage kommt, kannst Du gerne alles nachlesen. Falls doch schon erleuchtet, bitte ich um Verzeihung und verbeuge mich vor dir ☺

M.K.: Hallo K., merkst Du was Du gerade tust und was dahinter steckt? Wenn nein, komm bitte schnell!!! Gerade Therapeuten und Helfer die mit traumatisierten und / oder psychisch kranken Menschen beruflich zu tun haben (ich spreche aus eigener Erfahrung, weil ich auch in dem Bereich arbeite), tragen eine besonders große Verantwortung ihre ganzen "blinden" Ecken zu ergründen, dass es nicht zu Übertragungen und Gegenübertragungen kommt... Denn sonst sind wir nämlich keine wirklichen Helfer, obwohl wir es glauben, sondern bleiben (mehr oder weniger vor uns selbst versteckt) Täter und Heimzahler. Auch ich hätte das nicht für möglich gehalten für mich - aber siehe da, der EGO - Check hat gezeigt, wo ich selber überall drinstecke - und dies auch in ganz subtilen Bereichen. Anstatt Herrn Kathrein eine therapeutische Gruppe anzubieten (das ist übrigens der EGO - Anteil, der immer besser sein will als sein Gegenüber und ihn lieber belehrt als mal was anzunehmen. Der dem Anderen NICHT mit Respekt auf Augenhöhe begegnet), solltest Du lieber zu Herrn Kathrein zu einem EGO - Check gehen. Und ja: ist erleuchtet, aber es geht nicht darum, sich davor zu verbeugen - sondern die Hilfe und die Gelegenheit zu nutzen, sich mal hinter die letzten Kulissen schauen zu lassen, was da so abgeht. Und dafür sind die ganzen Therapeuten im Lande leider nicht ausgebildet worden, denn da kann man nur hinschauen, wenn man sein eigenes EGO erlöst hat. Sonst fällt man auf die zahlreichen Vernebelungen und Verblendungen des EGO rein. Das ist eine Riesenchance, deswegen würde ich an Deiner Stelle nicht versuchen Herrn Kathrein in Deine Gruppe einzubuchen, sondern so schnell wie möglich mal an einem EGO - Check teilzunehmen. Glaub mir - es lohnt sich... Viele Grüße M.

14.02.14

All tickets sold ♥ ...
...für das Retreat Verstehen und Integrieren im Februar

next Retreat: 28.3. - 2.4.2014 check it out! ☺

16.02.14

♥ ♥ ♥ Namaste´ ♥

YouTube-Video: MIA live!! Sputnik Springbreak 2012

17.02.14

YouTube-Video: Satyam S. Kathrein: Reiki-Interview Plantosjop TV München und TV Berlin

18.02.14

DAMIT SCHLIEßT SICH EIN BUCH-ZYKLUS... ♥ ♥ ♥

Buddha-Natur Die Meisterschaft von Satyam S. Kathrein
jetzt neu erschienen im BoD-Verlag

19.02.14

Guten Morgen Satyam,
...gestern war ich erst mal geplättet von dem was du mir gesagt hast, ich weiß, dass das alles zu 100% stimmt. Im ersten Moment macht sich dann erst mal breit ich bin eh nur Scheiße, was macht denn das alles noch für einen Sinn, usw.

Habe dann Stück für Stück mir die Dinge angeschaut. Wenn ich mich mit Abstand betrachte lauf ich immer noch durch die Welt mit offenen Rechnungen und will es Papa und Mama noch heimzahlen. Und habe mich noch nicht davon gelöst.

Der tollpatschige, dumme, ängstliche, kleine hasserfüllte Junge (Der Gnom) hinter dem ich mich verstecke um mein Leben nicht zu leben.

Das Gefühl die Anerkennung von außen bekommen zu müssen um etwas wert zu sein. Die ganze Minderwertigkeit aus der ich jetzt mal die Macht ergreifen will. Um auch wer zu sein.
Wenn ich meist aus dem Haus gehe, ängstlich und ohne vertrauen und innerlich unverbunden, ist das der Freifahrtschein es jedem heimzahlen zu können. Genauso sitzt der rotzbeleidigte Junge in mir, der nichts geben will, nur bekommen will, und seine Rachepläne schmiedet.
Wenn ich mir Situationen noch mal anschaue auf der Arbeit, warum ich das nicht aus einer Erwachsenen-Perspektive sehen kann, glaube ich, dass ich zum einen das so steuere das ich die Energie bekomme, dann das im Hintergrund am Wirken ist, das mir die Nähe mit den Menschen zu viel wird und es dann auch aus dieser Ecke rumpelt. Dann ist auch in mir so ein Gefühl, dass wenn ich die Dinge vermeintlich ehrlich anspreche, ich aber eigentlich gar nicht wirklich weiß, wie ich sonst mit den Menschen umgehen soll, bzw. glaube ich, dass das halt auch nur eine Maske aus Schiss ist, mich wirklich zu zeigen.

Jetzt ist die Frage wie ich von heute auf Morgen ein neuer Mensch werden kann und meinen alten Scheiß einfach ablegen kann.

Ich mach jetzt die Buddha Meditation/CD von Dir und melde mich später über Skype.

Liebe Grüße M.

19.02.14

YouTube-Video: Satyam S. Kathrein: Video-Einladung - Herzlich willkommen !

19.02.14

Hallo Satyam,

es hat sich in den letzten Tagen etwas geändert. Ich kann es nicht genau beschreiben, aber einiges ist einfach anders. Ich fühle mehr und bleibe in der Situation. Ich habe noch mal geschaut was am Sonntag war und habe mich gefragt, was ich tun kann um das nächste Mal nicht wieder zu kneifen.

Im Nachhinein kann ich recht deutlich sehen was zu tun gewesen wäre, ich muss aber sehr viel Mut aufbringen wenn wieder so eine Situation kommt. Ich sehe jetzt, dass ich mich da in mich zurück ziehe und mir nicht anschauen und es nicht spüren will was wirklich ist.

Das gilt im Grunde für jeden Moment. Ich arbeite daran. Ich merke, dass ich mehr in den Moment komme, dass es Spaß macht und ich die Menschen anfange zu mögen.

Liebe Grüße, P.

20.02.14

Das DHARMA - Deine/MEINE - GÖTTLICHE BESTIMMUNG

Respekt - Wahrhaftigkeit - Sinn des Lebens - runterfahren - keine Konkurrenz sein

Wer aus der Anspannung und seinem Prägungs-Ich die Erdenreise vertut geht am Wesentlichen voll vorbei...

Meine Eltern, Nachkriegskinder und Kinder des Wirtschaftswunders, haben versucht ihre "Werte" mir einzubläuen und mich als böse gebrandmarkt und weggestoßen weil ich ihren Ideen vom Leben nicht gefolgt bin... Mir war von klein auf die Frage wichtig: Warum? Ist das die Wahrheit? Was ist der Sinn des Lebens?

Rebellion, spirituelle Suche und das große Finden bestimmten mein Leben, neben den anderen wichtigen Dingen...

30 Jahre später, nach Guruji, Therapie, Ausbildungen, Forschungsarbeit kann ich nur eins weitergeben - zum DHARMA - zur GÖTTLICHEN BESTIMMUNG, Deinem Sinn und Auftrag Deines Lebens kannst Du nur finden, wenn Du Dein, während der Kindheits-Traumata entstandenes Überlebens-Modul - Dein Ego - Dein Prägungs-Ich, vollkommen loslässt und zu Deiner wirklichen Seelen-Natur so transformiert zurückkehrst...

Dafür ist eine 100%ige Auseinandersetzung mit Dir selbst und Deinem Ersatz-Ich-Bestimmer, dem Ego, mit all den Freiräumen die Du Dir wegen fehlender Grenzsetzung genommen hast, unbedingt notwendig, um der Heimzahlungs-Täterschaft komplett abzuschwören... und einen neuen/alten Handlungs-Punkt in Deinem System wieder zufinden, Dein SEELENSEIN! Das ist die Wandlung vom Saulus zum Paulus, ein Leben nach dem TAO...

Der Ego-Check mit einem vertrauten Meister-Therapeuten ist deshalb dringend anzuraten, weil die in Dir wirkenden Ego-Reste nicht freiwillig das Feld räumen und Dir ständig vorgaukeln, dass Du ja bereits frei und total dufte bist... ☺

S.E.: Klingt plausibel ☺

A.B,: Ja, das stimmt. Das Ego ist sehr geschickt im Vorgaukeln. Um das Spiel zu erkennen und es zu ändern braucht es Klarsicht. Die hat der Meister-Therapeut und mit seiner Hilfe kann ich auch immer mehr sehen und mich ändern.

Satyam Kathrein: Liebe K., auch wenn Du hier mit großen Worten dankst ist dies nur ein Trick von Dir! In Deinem Leben verhältst Du Dich wie ein kleines Kind, das von seinen Patienten lernt (als Psychologin) wie man durch die Krankheit einen Freischein erhält, um all die Gemeinheiten, Missbrauch, Zerstörung auf die Menschen derer Du habhaft wirst loszulassen! Die Klarheit darüber und diesem Tun über viele Jahrzehnte gegen Deine Männer, Frauen, in Obhut Gegebenen und Deinen endlich gefallenen Entschluss dieses beleidigte Kindverhalten an niemandem mehr auszulassen, konntest Du höchstens ein paar Stunden und einige aufdringliche Texte lang durchhalten, um dann kreidebleich, weinend doch wieder der Süße des Kaputtmachens Dich hinzugeben... Dein Spiel wird hoffentlich bald von oben aufgedeckt, damit Du keinem psychisch Kranken dies mehr antun kannst...!

21.02.14

SPIRITUALITÄT klingt wie FEENSTAUB

...alle wollen ins Licht... lediglich kleine Anstupser der Engel... ein paar Mantras singen... ich lebe jetzt vegan... habe mir aus all den tollen Büchern so viel Wissen angeeignet, ich weiß jetzt Bescheid - fühle mich wohl und fast schon rundherum zufrieden...

Doch mein Mann nervt, ich würde ihn nicht respektieren, er müsse sich in das, was ich als Spiel unserer Beziehung ausgebe, unterordnen... ich würde ihm die Kraft rauben... er hätte sogar große Angst, sich deswegen von mir zu trennen...

So und ähnlich geht´s den meisten spirituellen Suchern/Findern... was ist da los?

Der Feenstaub gelangt nur bis kurz unter die Haut, dringt nicht bis in die Tiefen aus denen wir unser Leben bestimmen. Wir glauben gerne unseren Gedanken und Gefühlen, die aber nicht aus unserem Seelensein ins Bewusstsein aufsteigen, sondern Teil unseres geheimen Zweit-Ichs sind, unserem Ego - entstanden als Überlebensmechanismus während der "Erziehung" (Traumatisierung) in der Kindheit.

Dort tief unten sind verständlicher Weise Entschlüsse gefasst worden, die unser Leben ab diesem Zeitpunkt bestimmen. Um ein glückliches Leben führen zu können müssen wir also Veränderung dorthin bringen...

Doch so fest wir das auch wollen merken wir, ein Teil von uns (das Ego) will das nicht. Um trotzdem voranzuschreiten brauchen wir meist Unterstützung... Dann merken wir, dass es in uns kämpft und wir irgendwie diese Machthoheit auch genießen... Um ins Glück zu wandeln braucht es eine unbeugsame innere Disziplin und eine Klarsicht die nichts mehr trüben kann... In diesem Sinne: good luck! ♥

24.02.14

Guten Morgen Satyam,

gestern nach dem Seminar, als die Sonne noch geschienen hat und ich heim gefahren bin, hatte ich noch nie gekannte Weite in mir gespürt und war dann auch gleich noch etwas spazieren.

Dann wollte in mir sich erst mal wieder kurz die Angst breit machen, dann habe ich mir klar gemacht, dass nach dem Seminar immer erst mal das Ego sich versucht Platz zurück zu gewinnen. Habe es dann sinnbildlich in die

Ecke getreten und gesagt ich lass mich von Dir jetzt nicht wieder einfangen. Habe dann noch die Reportage auf Phönix geschaut Babi Jar - das vergessene Massaker. War zum einem geschockt was da geschah, und zugleich wurde mir auch klar, dass solange ich nicht zu 100% Paulus bin, in mir die gleiche kriminelle Energie schlummert, um so eiskalt zu sein.

Danach habe ich noch im Ego check, das am Samstag mit der Post kam, gelesen. Und mir sind noch so einige Dinge in mir klar geworden, wie z.B. dass ich letztendlich wie mein Vater bin, der keine Liebe wirklich geben konnte und auch genauso bin wie meine Mutter, die mir, als ich Kind war, immer sämtliche Energie aus den Rippen gezogen hat und jetzt merke ich selbst auch, wenn ich versuche da drüber zu sein, ist in mir der Strippenzieher, der, egal auf welche Art, die Energie von Frauen ziehen will.

Es ist gut, dass ich mir das noch mal so klar gemacht habe, weil ich sehe, dass ich dadurch überhaupt nicht ich selbst lebe und liebe, sondern nur ein Verweigerer und ein Energiejunkie bin
Liebe Grüße M.

25.02.14

Warum versteigt sich der MENSCH LIEBER als komplett aus der REALITÄT sein Leben zu GENIESSEN ??...!!!

Weil seit frühester Kindheit die Realität keine Rolle spielt!

Die Gesellschaft besteht, wird von einer Ansammlung überholter "Wahrheiten" zusammengehalten und produziert so mit jeder Generation erneut traumatisierte Jugendliche, die grenzenlos angepasst, feige, oder an der falschen Ecke rebellisch sind!!

Wer als Kleinkind traumatisiert wurde versteckt sich meist ein Leben lang hinterm Vorhang und antwortet auf seine Lebens-Erfahrung mit Wut, Hass oder gefährlichem Desinteresse!

Die meisten Menschen wählen ein Leben der Sicherheit und existieren so ohne am wirklichem "Flow", im Einklang mit der gewählten Seelenaufgabe, teilzunehmen.

Meistens regiert aus hinterster Ecke das versteckte, beleidigte Innere Kind und versucht sich jegliches Geschehen und alle Leute untertan zu machen... Dann kann es erst "entspannt" durchatmen...

Aber man findet eben auch Gefallen an der Macht und am Hinterlichtführen und am Kaputtmachen... und das dann alles wieder loszulassen lässt innen ein dermaßen lautes NEIN aufjaulen...

Man kann es nach außen niemandem sagen, aber im Inneren will man diesen Platz der Macht, den man im Gegensatz zur Ohnmacht in der Jugend nun im Geheimen inne hat, nicht loslassen...

Werte, Rückrat, Gewissen, Menschlichkeit, Freundschaft, Liebe sind an diesem Platz der Macht, des Ego, nicht vorhanden...

Wenn nun dieses unwirkliche und gottlose Leben zerbröselt und in der Therapie einem geraten wird, doch in die Realität und zum Füllhorn Gottes aufzubrechen.... überwältigt einen das Gefühl von Trauer und ein unüberwindbar erscheinendes NEIN und totale Wut lässt den Probanden unerlöst das Weite suchen...

Alles spirituelle Wissen wird nun als gutmütige Kulisse benutzt und noch besser kann man mit der Gutmenschmaske Leute verführen, um nach der eigenen Maske zu tanzen...

Wir leben in einer nicht gerade erhellten Zeit in dem die Menschen aus diesem Grunde lieber Scharlatanen huldigen und dabei Licht vorgaukeln, aber eigentlich den Himmel verdunkeln und doch relativ frei ihr Unwesen treiben...

Ein riesiger dunkler Moloch erzeugt so die nächste "Eiszeit" von Dingen, die wir meinten im letzten Jahrhundert bereits abgelegt zu haben...

Ein Hoch auf die Menschen, die wie in der Ukraine auf die Barrikaden gehen und der dunklen Seite der Macht Paroli bieten und sogar ihr Leben für das Licht, die Wahrheit, die Menschlichkeit, die Liebe ... aufs Spiel setzen!!!!!

A.K.: Alles hat seine Zeit!!!!!

Satyam Kathrein: Sprach das Ego und merkt nicht wieso man als Antwort so etwas schreiben mussss?! Was zeigt das dem geübten Betrachter...

L.W.: Alles hat seine Zeit....dieser Satz ist ja ein gängiger, vor allem in spirituellen Kreisen und ich habe ihn mir auch oft bereitwillig vor die Nase gesetzt um mich vor Veränderung und Verantwortung zu drücken...

26.02.14

Von WEISHEIT - BÜCHER - THERAPEUTEN - ESO/SPIRI-ZIRKEL - GURUJI...
...lässt sich der Mensch über den Verstand inspirieren Transformation auf den Weg zu bringen...

Ein Missverständnis - wie soll ich´s auch machen??

Da der Mensch die Zeichen so nicht versteht und ihm nichts anderes zur Verfügung steht... versucht er´s halt weiter irgendwie, versucht sein Handeln seinen Informationen anzupassen...

Worte wie: Wandlung passiert nicht durchs Ego - gibt er keine Bewandtnis, und macht einfach so weiter... und endet immer wieder in der Sackgasse, die er sich alsbald über den Verstand (Ego) als Wandlung schön redet...

ALSO WICHTIGE MELDUNG: Tritt aus Deinem vermeintlichen Sein aus und erfinde Dich neu wie Du sein willst - damit findest Du zurück in Dein wahres Seelensein... Experimentieren - Handlungspunkt auf neue Impulsbahn verschieben... … ist Heimkommen zur eigenen Seele...

T.J.: Ja, allzu gern gaukelt das Ego die Wandlung vor. Das wirkliche Heraustreten aus dem Ego ist anders, als alles was ich bisher gekannt habe. Durch den Ego Check erfahre ich, was „was" ist und mit der Zeit wird immer klarer wie das Spiel des Egos geht…

G.S.: Also ich würde nicht dem Ego für alles die Schuld geben. Denn der Mensch besteht aus mehr als nur Ego. Es macht auch wenig Sinn ein Feindbild zu kreieren. Denn wer das Ego und damit auch sein Ego als Feind sieht. Sieht sich auch selbst als Feind.

Don Satyam Kathrein: Wer aus dem Ego spricht kann nie das Ganze sehen! Die Realität ist verhüllt! Es gibt auch kein bisschen schwanger!! Nur das Ego lässt Dich wie einen Pfau/Idiot durchs Leben stolzieren und Du bist so selbstzufrieden in Deinem Schattendasein... Und G., so ein Häkchen dahinter zu machen zeugt von feinem Sein!! O la lá! Glückwunsch!

26.02.14

...für Di is no a Platzerl frei... ♥

Ego-Check ...jetzt ist alles möglich!

...eigentlich ist alles ganz einfach...
Hinschauen - Klarwerden - Neu ordnen & dann geht's los...
...wir erschaffen, wonach wir streben, Gesundheit, Liebe, Freundschaft,

Berufung und Glück!

Dieses Retreat handelt von dem, was uns alle betrifft; dem Finden und Verankern in einem freudigen und glücklichen Alltag...
...es inspiriert zur Veränderung in ein erhöhtes Bewusstsein...

28.3. - 2.4.2014

26.02.14

D.K:

Der größte Trick des EGOs wenn der Meister in Dein / mein Leben kommt (gekommen ist), ist genau diesen Befreiungshelfer als "Freiheitseinengung" anzusehen. Und fürs EGO ist er auch genau das, für das Seelen - SEIN hingegen ist er der Robin Hood, der niemals ruht, um ihm Weggeleit in die wirkliche Freiheit zu erteilen...
Danke dem mutigen, goldenen Herzen des Meister - Coaches Satyam Kathrein... Und danke für Deine zahlreichen immer genau ins Schwarze treffenden Texte

Satyam Kathrein:

Liebe D., auch wenn Du hier mit großen Worten dankst, ist dies nur ein Trick von Dir! In Deinem Leben verhältst Du Dich wie ein kleines Kind das von seinen Patienten lernt (als Psychologin) wie man durch die Krankheit einen Freischein erhält, um all die Gemeinheiten, Missbrauch, Zerstörung auf die Menschen derer Du habhaft wirst, loszulassen!

Die Klarheit darüber und diesem Tun über viele Jahrzehnte gegen Deine Männer, Frauen, in Obhut gegebenen und Deinem endlich gefallenem Entschluss dieses beleidigte Kindverhalten an niemandem mehr auszulassen konntest Du höchstens ein paar Stunden und einige aufdringliche Texte lang durchhalten, um dann kreidebleich weinend doch wieder der Süße des Kaputtmachens Dich hinzugeben...

Dein Spiel wird hoffentlich bald von oben aufgedeckt damit Du keinem psychisch Kranken dies mehr antun kannst...!

Wer, wie hier ersichtlich, hauptsächlich aus dem Ego lebt, spürt irgendwann sein Herz nicht mehr... er erlaubt sich schizophren aus zwei Befehlszentren zu agieren... wer nach Kindheitstraumata gewohnt ist, über Jahrzehnte aus dem Ego zu leben, findet auf Dauer oft nicht mehr sein Seelensein... genießt oft die Zerstörung aus dem Ego... Leidet richtig, wenn er´s nicht mehr tun darf! Die Zeitungen sind voll von Leuten die sich dem Ego in krimineller Weise hingeben...

B.R.: Ja es ist seeeeehhhhhrrrr schwer zu erkennen, ob mein Modus (EGO) spricht, oder mein authentisches ICH BIN Als ich anfing mit mir selbst zu arbeiten und die Ursache in mir suchte, dankte es mir mein Körper prompt. Ich durfte mit der Hilfe des Universums und lieber Menschen erlernen meine Körpersignale sehr genau zu spüren Ich habe mich auf die Reise gemacht mich selber zu finden. .. Oft holpert es ... so wie gerade beim Schreiben dieser Worte. . Meine Konzentration lässt plötzlich nach und meine Ohren klingeln. . Nun gehe ich so gut es auf Arbeit geht in mich, um zu erkennen welcher Modus mich wieder zurück ziehen möchte...

Don Satyam Kathrein: Ja Freunde, wo fängt Zivilcourage an?!

A.D.: Man sollte wirklich selber erst im Licht angekommen sein bevor man anderen hilft. Besonders als 'offizieller Therapeut'. Der Patient kann das aus seiner Notdurft heraus oft gar nicht erkennen. Das sind dann eher die 'ganz normalen' Menschen die hinter vorgehaltener Hand sagen 'stell dir vor und die ist Therapeut'. Und es ist die Verantwortung eines jeden, da ehrlich zu sich selber zu sein. Einen Schwimmlehrer der selber nicht schwimmen kann den will ja auch keiner. Weil, was tun wenn ich absaufe?

O.N.: Was hier beschrieben wird, betrifft vor allem auch den Bereich schulischer Erziehung. Ich war jahrzehntelang Lehrerin in der Überzeugung ich sei eine gute, was mein Verhältnis zu den Schülern betrifft. Letztendlich musste ich mir aber eingestehen, dass ich mir über meine Gutmenschmaske nur die Energie der Schüler klaute und sie und ihr Vertrauen selbstsüchtig missbrauchte. Jeder, der mit Menschen arbeitet, trägt eine hohe Verantwortung und muss absolut frei sein von jeglichem Machtmissbrauch!

27.02.14

Ihr entwickelt euch weiter, entfaltet euch, seid am werden. Und ihr benutzt eure Beziehung zu allem, um zu entscheiden, was ihr werdet. Das ist die Aufgabe, um derentwillen ihr hierhergekommen seid. Das ist die Freude am Erschaffen, am Kennenlernen des Selbst, am bewussten Werden zu dem, was ihr nach eurem Wunsch sein wollt.

aus Neale Donald Walsch in „Gespräche mit Gott", Band 1, Seite 194

28.02.14

Hallo Satyam,

ja ich habe wieder alles verraten, weil ich mir einen Teufelskreis aus Negativität kreiert habe, um im alten Modus zu bleiben. Gestern habe ich nach deinen Worten mit Wut reagiert – hat genau ins Schema gepasst – konnte aber sehen, dass ich das hernehme, um zu beweisen, dass es nicht geht und meine uralten Lebenssätze nur dazu da sind immer wieder in die falsche Richtung abzubiegen um die Herrschaft – Macht, Kontrolle, Täterschaft – nicht aufzugeben. Auch das Gefühl des Minderwertes nehme ich dafür her und benutze alles als Waffe und ziehe die Mauern – Masken, Rollen – hoch, anstatt sie endlich fallen zu lassen.

Ich kann sehen, dass ich es immer so gemacht habe und sobald ein Windchen weht, lasse ich mich davon treiben, statt standfest zu bleiben und mit dem kranken Spiel aufzuhören. Das ist genau wie bei R. – die dann in die Unfähigkeit – Angst, Ohnmacht – geht und nicht sehen will, dass der Teufel die Fäden in der Hand behalten will um sich und vor allem andere zu zerstören, sich dem wahren Leben verweigert – Trotz, Heimzahlung, Hochmut – nichts anderes.

Ich habe vorhin in einer Buchhandlung in B. angerufen und einen positiven Bescheid bekommen und es war einfach und hat mir gezeigt, wie ich Situationen bewusst schwierig denke, um eben nicht zu wandeln – heute kann ich es fühlen, den Schwachsinn, aber vor allem die Unverfrorenheit und Machtgeilheit und den permanenten Verrat an der Freundschaft, Liebe und dem Vertrauen (ich kann die Süße der Tat förmlich spüren und das teuflische Grinsen im Hintergrund) und an meinem wahren Sein und das nicht erst seit heute.

Und dabei kriege ich immer wieder Impulse, in welche Richtung ich abbiegen muss und das fühlt sich dann auch stimmig an.

Es tut mir leid.
Liebe Grüße L.

Satyam Kathrein: Freund...warum bist Du schockiert...weil Du in Deine eigene Tiefe nicht schaust, Dir Deine Taten vernebelst....und über Deine Ego-Masken und den Spiri- Firlefanz den Transformierten spielst...der schon so viel Weisheit angesammelt hat und mit seiner Einbringung hier in den Spiri-Gruppen ein egomanisches Satori nach dem anderen erlebt - the multiple... good morning vietnam!!

28.02.14

Gedankenleere ist Meditation

Wenn keine Gedanken da sind, in diesem Zustand erkennen wir denjenigen, der sonst durch unsere Gedanken verdeckt wird.

Probiere es aus, dann wirst du es wissen.

Wenn die Gedanken verschwinden, erwacht die Bewusstheit zum Leben. Halte gelegentlich inne - an jedem beliebigen Ort, zu jeder beliebigen Zeit.

Schau einfach hin und höre zu und sei ein Zeuge - beobachte die Welt und dich selbst. Denke nichts. Sei bloß Zeuge und sieh, was geschieht.

Und dann lass das Zeuge sein sich ausdehnen. Lass es alle deine körperlichen und geistigen Tätigkeiten begleiten. Erlaube ihm, immer bei dir zu sein.

Wenn dieses Zeuge sein da ist, hört dein Ego auf zu existieren - und du wirst sehen, wirst erkennen, wer du wirklich bist. Das Ich wird sterben und du erlangst das Selbst.

Dies ist keine Methode, die zur Befreiung führt, wenn man sie nur gelegentlich praktiziert. Sie muss ständig praktiziert werden, Tag und Nacht. Indem man das Zeuge sein praktiziert, indem man sich mehr und mehr im Zustand des Zeuge seins aufhält, wird der Zustand immer stabiler und fängt an, die ganze Zeit präsent zu sein.

Osho - Buch: Ego/Von der Illusion zur Freiheit
Allegria Verlag

28.02.14

EINE merkwürdige SACHE wenn man mit spirituellen SUCHern arbeitet:

Sie wollen alles und noch mehr tun, was für ihre Reise notwendig ist - nur nicht sich bewegen.

Sie sind total entschlossen aufzubrechen, so lange sie da bleiben können, wo sie sind. Sie würden alles dafür geben, dort zu sein, solange sie es von hier aus machen können.

Das Ego will die Rosinen, wenn also der Preis für die Rosinen das Ego ist - wozu das Ganze?
Es ergibt nicht viel Sinn, sein Pferd gegen einen Sattel einzutauschen...

...Man kann seinen Kuchen aufessen und trotzdem behalten! So lautet die Erfolgsformel, der "spirituellen Sachverständigen von Egos Gnaden"... sie geben Versprechen majestätisch wie ein Adler durch die Lüfte schweben, ohne sein Nest wirklich zu verlassen...

Meister Jed McKenna - Buch: Spirituell unkorrekte Erleuchtung

03.03.14

...empfehle:

CHUCK SPEZZANO - Vom Ego zum Selbst
(Buchtipp: Emotionale Reife; Verlag Via Nova)

Traumata aus der Vergangenheit führen dazu, dass unser Ego eine Reihe von abgespalteten Anteilen beherbergt. Dies ergibt ein Gefühl der Getrenntheit von der Welt und von sich selbst.

Im psychologischen Jargon nennt man dieses Abspalten "dissoziieren". Emotionen weisen auf eben die Punkte in der Vergangenheit hin, an denen wir die Verbundenheit mit uns selbst verloren haben.

Unerwünschte Persönlichkeitsanteile und Gefühle werden besonders in der Kindheit, während der Erziehung abgespalten. Diese Zeit prägt uns am meisten, da wir quasi noch ein "unbeschriebenes Blatt" sind.

Mit Zunahme solcher Abspaltungen verlieren wir immer mehr die Verbindung zu uns selbst. Die Anteile werden ins Unbewusste verfrachtet, wo man sie nicht mehr spüren muss, sie aber weiterhin wirken...

Bei einem Opfertypus entsteht bei Enttäuschung sehr schnell Selbstmitleid. Doch geht Chuck Spezzano davon aus, dass diese oft als Ausflucht verwendet wird, um sich nicht ändern zu müssen. Außerdem werden Opfer-Emotionen als Mittel zur Rache eingesetzt.

So boykottiert oder schadet man sich selbst, um sich auf einer tieferen Ebene an denen zu rächen, die einst dafür sorgten, dass man seine Ganzheit verlor...

Text: Veronica Lange; Zeitung: News Age

Ganz meine Meinung... Tu was für Dich!!! Lg Satyam Kathrein

H.O.: Ich finde den Artikel super toll. Er beschreibt die Problematik mit dem Ego genau wie sie ist, ohne in irgendwelche 'Engel-Channel-Dingsda-Sphären' abzudriften. Das kann jeder verstehen, auch wenn man sich mit 'Spiritualität' noch nie beschäftigt hat. Wohltuend nah am Leben.

@H.: da kann ich dir das Buch Seelenheil nur empfehlen, alles ist einfach irgendwie logisch. Keine 'Glaubensfrage' in dem Sinne. Deswegen hilft es auch. LG M.

04.03.14

...take the chance: next Retreat ♥ 28.3.-2.4.2014
YouTube-Video: In der Leichtigkeit des Seins liegt die Kraft…! Satyam S. Kathrein

> R.L.: Ein schöner und wahrhaftiger Erfahrungsbericht Ich habe in den Seminaren von Satyam Kathrein ebenfalls die Leichtigkeit des Seins wiederentdeckt und konnte die Kraft spüren, die einem dadurch zugänglich wird. Herr Kathreins Humor und seine liebevolle Präsenz waren für mich der Schlüssel, meine Abwehrmechanismen zu erkennen und endlich fallen zu lassen.

04.03.14

Der Start ins richtige Leben….
Im Egobereich gehen die Menschen, wenn sie etwas voneinander wollen, so miteinander um: Jeder gibt jedem etwas mit auf den Weg als Anerkennung, damit er selbst jede Menge Streicheleinheiten für sein eigenes Ego bekommt. Es ist eine Art Kuhhandel. Je höher das Bewusstsein steigt, desto leichter erkennt der Suchende dieses törichte Tun und hört damit auf. Gleichzeitig fällt das Ego einfach ab, lässt der Erfolgsdruck nach und ebenso der Ehrgeiz, der Erste sein zu müssen.

In diesem Moment fängt das Leben erst richtig an, wir spüren das unbändige Gefühl der Freiheit, das uns tanzen und singen lässt. Es ist ein solcher Segen, unter denen zu sein, die an diesem Punkt angekommen sind! Das ist der Start ins richtige Leben, das göttliche nimmt in uns Platz. Wir werden eins mit der göttlichen Energie und sind dadurch immer zur richtigen Zeit am richtigen Ort.

Aus Seelenheil – Erlösung der Lebensthemen von Satyam S. Kathrein

05.03.14

...möchte Euch mein mir sehr am Herzen ♥ liegendes neues Buch als Erstausgabe vorstellen...

Wir Kinder sind Seelenwanderer
NEU: Die Eltern/Kind-Fibel KNOW-HOW für ein gesundes Miteinander

Kinder sind die Schätze der Menschheit, Seelen unserer Obhut anvertraut. Verantwortung übernehmen heißt dabei alles Erdenkliche, Intuitive und menschlich Mögliche zu versuchen die neu geborenen Wesen in ihrer Individualität, ihrer Essenz, ihrem Wahren Sein, ihrer Bestimmung nicht einzuschränken, sondern ihnen die Freiheit des Blühens zu gewähren, ihnen den Rücken zu stärken sie selbst zu sein!

Und der Job als Eltern kann genauso Spaß machen!

Mit dem Blickwinkel der Liebe, Freude und einem gebührenden Maß an Selbsterkenntnis und Bewusstsein finden passende Seelenpartner zu einer wunderbar prickelnden Erfahrung, der Einladung an eine Seele die von der Himmelswiese direkt auf die Erde plumpst.

Jetzt geht's los!   *Jetzt geht's los!*
Wir sind Eltern!!!   ***Wo bin ich denn hier gelandet??!!!***

U.R.: Ich finde auch, dass die Kindererziehung ein sehr wichtiges Thema ist, da fängt schließlich alles an. Die Beschreibung des Buches hat mich sehr berührt und macht Lust auf mehr! Ich freue mich schon darauf das Buch zu lesen ♥

L.S.: Werde es meinen Töchtern schenken als Granny ♥ ♥ ♥

E.L.: Super schön ♥ und soooo wichtig ...schließlich sind die Kinder von heute die Eltern von Morgen

L.M.: Ich habe auch schon eine schöne Idee, wem ich das schenken werde... toll!!! ☺

05.03.14

POWER-REIKI I.: Nächste Ausbildung für Ihre Praxis-Palette! 15.-16.3.2014

YouTube-Video: Sternenhimmel TV – Reiki Info Interview mit Satyam S. Kathrein:

07.03.14

Liebe facebook-Freunde
und alle die, die sich über Klartext und Wandlungsmöglichkeiten freuen...

...möchte Dich/Euch heute ganz herzlich einladen für unser nächstes Retreat: 28.3.-2.4.2014

WIR MACHEN WIEDER EIN GEWINNSPIEL - Frage: WER HAT DAS GESAGT? Wenn auch nur 2 oder 3 versammelt sind in meinem Namen, dann bin ich mitten unter ihnen!

Jede richtige Antwort gewinnt einen Bonus fürs nächste Retreat!! Bitte die Antwort mit Adresse als private Nachricht schicken...

Lg Satyam neo-holistic-institut.de

09.03.14

HEY JED MC,
gibt´s was NEUES vom SPIRI-FEST NEW YORK?!!

(Master/Coach Jed McKenna mit ´nem Zwischeneinwurf von der
Tafelrunde der Grals-Ritter)

Well, mir ist klar, dass diesen Leuten, den Teilnehmern, ihr Leben selbst
gehört und dass sie damit anstellen, was sie wollen. Mir ist völlig klar, dass
ich hier der Realitäts-Freak bin und sie nur kleine Kinder, die auf ihrem
ganz persönlichen Spielplatz herumtollen und ihr eigenes Ding
durchziehen.

Nicht, dass ich ihren Panzer knacken möchte, nur um sie zur Besinnung zu
bringen. Mir liegt nichts an der Rolle des großen spirituellen Zampano,
weder bei dieser noch irgendeiner anderen Gruppe, und mir ist verdammt
klar, dass ich niemanden retten will.

Wovor überhaupt? Vor dem Leben?

Nein, was mich echt nervt, ist die Tatsache, dass ein Leben, das sich an die
Spielregeln hält, zehn hoch zehn hoch zehn mal wunderbarer und
aufregender ist, als solch ein Leben im schönen Schein.

Es ist eine tolle, phantastische, geniale Sache, und die hier verpassen es
total. Das Spiel des Lebens geht völlig an ihnen vorbei, während sie da um
ihre Speisetafel sitzen, ihren Wein runterspülen und sich gegenseitig ihre
reizvoll hochtoupierten Standpunkte aufdrängen.

Sie sind damit beschäftigt, Dutzende oder Hunderte von öden Spielchen zu
spielen, um dem einzig wahren Spiel tunlichst aus dem Weg zu gehen, und
ich kann mich des Gedankens nicht erwehren, dass sie bloß ein wenig

lernen müssten, mit ihren Ängsten klar zu kommen, um der Sache näherzukommen und sich auf das Spiel ihres Lebens einlassen zu können.

Bei diesem Spiel geht es um das, was wirklich ist, und was wirklich ist, ist echt eine coole Sache, wenn man erst einmal dort hingekommen ist, wo man es unmittelbar betrachten und seine eigene Beziehung dazu begreifen kann.

Es geht nicht um die Erkenntnis der Wahrheit, es geht nicht um Erleuchtung, es geht nur darum, den Tatsachen ins Auge zu sehen, den Tatsachen des Lebens, und die meisten Leute schaffen es, ein ganzes Leben lang nichts anderes zu tun, als diesen Tatsachen aus dem Weg zu gehen. Und nicht, dass sie ein Haufen verdammter Idioten sind, macht mich so verrückt, verdammte Idioten sind wir alle.

Nein, es ist die Tatsache, dass ich etwas weiß, das sie zweifellos gerne erfahren würden, und dass ich mit Sicherheit zu ihnen durchdringen könnte, wenn ich mich nur klar genug ausdrücken würde.

Aus Jed McKenna, Spirituelle Dissonanz

L.B.: So langsam komme ich da hin, die Tatsachen zu sehen und zu erkennen, wie öde und langweilig die Spiele sind. Das Leben ist bunt und macht viel mehr Spaß als diese Ödness meines bisherigen Daseins. Es lohnt sich, sich mit den Spielen und den Tatsachen zu beschäftigen.

S.V.: Ich kenne das von mir auch, ich will mich immer wieder beschäftigt halten, mit allen möglichen Sachen, Spielchen spielen, die alle unnötig sind und mache mir dann auch noch vor, meinem Leben so einen Sinn zu geben, anstatt mich der Angst in mir zu stellen und die Realität anzunehmen. Danke für diesen Text.

10.03.14

BUCHEMPFEHLUNG: ABDI ASSADI - Shadows on the Path

**YouTube-Video: ABDI ASSADI – Ein neuer Stern am Klartexthimmel !!!
Erfreut das Sein von Satyam S. Kathrein:**

„Es ist eben nicht nur das Gutfühlen auf der Lebensbühne, sondern vor allem das Erkunden der Ego-Reste hinter den Kulissen was die Bewusstseinsarbeit ausmacht!!!"

R.U.: Durch das Video inspiriert, habe ich mich wieder an dieses Buch erinnert, es aufgeschlagen und diesen Text gefunden: "Schmerzhafte oder unerwünschte Situationen wird es immer geben; wahres Leid entsteht durch die Sehnsucht unseres Ego, dem Leben zu widerstreben. Nur selten gestehen wir uns die enormen Schwierigkeiten ein, die uns das Gefühl von Hilflosigkeit bereitet... Die Tatsache, dass wir alle bis zu einem gewissen Grad Kontrollfreaks sind, taucht nicht auf unserem Radar auf. Das Ausmaß unseres Bedürfnisses nach Kontrolle hängt direkt mit unserer Angst vor Hilflosigkeit zusammen.....Ständig versuchen wir unsere Umgebung zu manipulieren, in der Hoffnung, die Ohnmachtsgefühle zu vertreiben, die wir alle als Kinder gehabt haben. Abhängig von dem Grad an Sicherheit, den wir damals verspürt haben, fühlt sich das Loslassen leichter oder schwerer an. Aber ich habe noch niemanden kennengelernt, der dies ohne einen enormen Aufwand an innerlicher Arbeit oder Reflexion geschafft hat. Ich selbst musste erst in meinem Privatleben am Boden zerstört werden und einige schreckliche Lebenssituationen durchmachen, bevor ich mich wirklich ganz ergeben konnte. Die Wiederauferstehung, die darauf folgte, führte zu einer tieferen Beziehung zu mir selbst. Immer zeigte sich ein neuer Weg in den Ruinen dessen, was zerstört worden war. Die Zerstörung des Alten, die Führung in das Neue und der Weg an sich machen das aus, was ich Gnade nenne." ♥

11.03.14

Habe in der Hacketal-Klinik mit Power-Reiki und Ego-Check gearbeitet...

...Kann nur sagen, gerade der Ego-Check erlöst so manche Struktur und Trauma-Mechanismen...

11.03.14

Die Erde dient als Evolutions-Schule für die Seele...

 ist kein Ponyhof und kein Wunschsandkasten... Jede Seele entscheidet frei vor der Inkarnation, welches Lebensthema diesmal ins Bewusstsein, transformiert, werden soll und dies ist dann auch die Entscheidung für die Umstände, Zeitschiene, Land, Umfeld, Eltern, Schule.

Sie erfährt auch Traumata, um mit dieser Prägung, wie die Kohle die im Berg unter Druck zum Diamanten wächst, in die Realität, letztendlich - ins Buddha-Bewusstsein - aufzusteigen!

S.T.: Kohle die im Berg unter Druck zum Diamanten wächst. Das finde ich wunderschön.

12.03.14

Satsang mit Satyam S. Kathrein

YouTube-Video: Enlightenment, Transformation = Wissen integrieren

J.G.: Satsang gibts überall, ich habe das schon oft mitgemacht bei dem ein oder anderen Guru...Irgendwie fühlt man sich gut, wenn man dabei ist, die Energie....aber danach ist alles wieder beim Alten. Habe vor kurzem das erste Seminar bei Satyam mitgemacht. Der Unterschied ist, dass Satyam, das was er sagt, auch vorlebt. Keine scheinheiligen Worte sondern Klartext und Liebe. Das ist etwas ganz anderes als sich gut zu fühlen und nichts ändern zu müssen. Erfrischend und inspirierend zugleich, einfach nur gut !

K.B.: Finde dieses Video wunderschön, mit klaren Worten die Essenz um was es im Leben wirklich geht erläutert, ich kann nur ermuntern mal ein Seminar mit Satyam mitzumachen. Es lohnt sich für die Seele!

13.03.14

LIEBE FREUNDE,

meine Bücher sind ein Zyklus um das Seelen-Körper-Geist-Dasein auf Erden besser zu verstehen und gegebenenfalls eine Inspiration für die Evolutions-Reise der Seele... ♥

Satyam S. Kathrein ♥ neo-holistic-institut.de

C.S.: Ich habe diese Bücher vom Zyklus der Seelenreise gelesen, das hat mir ein ganz neues Verständnis vermittelt, wie wir uns von der Kindheit, über die prägenden Jugendjahre, das Erwachsenwerden bis zu unserem Seelensein, zur Buddha-Natur entwickeln und mir sehr geholfen bei mir selbst genau hinzuschauen warum ich wie funktioniere, die Zusammenhänge zu erkennen und zu verstehen, und meine Seele wieder zu entdecken. Danke

W.K.: Ich bin in meinem Elternhaus und auch später immer wieder mit psychischen Erkrankungen - Depression, Psychose,...konfrontiert worden und habe auch selbst immer wieder depressive Phasen durchlebt. Ich habe lange nach den wahren Ursachen geforscht, aber weder Fachliteratur noch verschiedene Therapieansätze - einschließlich spiritueller Wachstumsseminare - haben meine Suche zufriedengestellt.

Ich hatte immer das deutliche Gefühl, dass ich da noch tiefer schürfen muss um die Lösung zu finden. Und schließlich fand ich sie auch in den Büchern "Seelenheil" und "Ego-Check", die klar und verständlich aufzeigen, warum Menschen psychisch erkranken und was noch viel wichtiger ist, welcher Weg dauerhaft in die Heilung führt. Allen, die Menschen in ihren Heilungsprozessen unterstützen wollen, lege ich diese Literatur wärmstens ans Herz.

16.03.14

LETZTE AUSFAHRT:
Buch am Buchrain - Entschleunigen, Auftanken, Vision Quest, Burnout Prävention, Ego-Check, wurst/vegan was mein Ego sagt - Ich will´s wissen - dass Menschlichkeit nicht nur für mich gilt, sondern auch von mir die Reinheit des Lichts zündet...
Die Lebensthemen spiegeln über die Chakren und transformieren im Körper-Geist-Seele System...

Willkommen im Retreat vom 28.3.-2.4.2014 !!!

17.03.14

Whenever you interact with people, don't be there primarily as a function or a role, but as the field of conscious Presence. You can only lose something that you have, but you cannot lose something that you are."

aus Eckhart Tolle , A New Earth: Awakening to Your Life's Purpose

K.A.: Wenn man mal bedenkt, dass in jedem von uns ganz ähnliche Muster ablaufen, bis wir den Mut gefasst haben und die 100 %-ige Entscheidung und Disziplin aufbringen, unsere traumatische

Vergangenheit abzulegen und es anders und neu zu machen... Doch meistens verstecken wir das vor uns selber, um einfach so weiter machen zu können wie bisher... Das ist zumindest meine Erfahrung mit der Thematik... Deswegen ist es so wichtig, dass wir an uns arbeiten und uns nicht mehr gestatten, die "altbekannten" destruktiven Muster in uns ablaufen lassen...

18.03.14

ACH SO, ja, verstehe...

Dieses nach innen gerichtete Bewusstsein brauchst Du um in die Transformation aufzubrechen...!!!

Das, was einem in der Kindheit widerfährt kann man als Kleinkind nicht realitätsnah einordnen und trifft aber trotzdem Entscheidungen, die auf diese gemachten Einordnungen aus dem tiefsten Inneren das Leben bestimmen...

Wer von den Eltern die Liebe von der wir träumen nicht empfangen hat und sieht wie sie anstatt lieben... meint das Liebe so funktioniert und ahmt die Eltern nach.

Dazu kommt das einsame, traurige Ohnmachtsgefühl, was unbedingt in Macht verwandelt werden will...

So gepolt empfinden wir das größte Machtgefühl wenn wir, bereits im Sandkasten und Kindergarten, Freundschaft vorgaukeln... wir spielen Freundschaft, verbinden uns aber nicht wirklich mit dem anderen, sondern genießen den Energieraum den wir beim Spielen erwirtschaften, indem uns der andere seine Liebe/Energie schenkt... Selber bleibt man unverbunden mit der Genugtuung: Ohne wirkliche Liebe & Freundschaft, mit dem nur so tun, der Gewinner zu sein und so entwickelt sich dann komplett verselbstständigt ein Erwachsener, der eingeschlossen wie in einem Kokon mit der Welt nur in Verbindung tritt über diese Schiene, Energie raubt und ansonsten immer komplett allein - allein ist.

Das ist nach 20, 30 ,40 Jahren dann so eingespielt und ins Unbewusste versteckt/vernebelt, dass man trotzdem meint, noch Herr im eigenen Haus zu sein, dass Mantras und die Guruji-Sangha einem hilft, aber in Wirklichkeit hat das Leben nie begonnen - man sitzt wie ein kleiner Gnom in sich selbst gefangen und will auf den Tod nicht mehr ins Freie - in die Freiheit...!

Deswegen meine vielen mahnenden Worte hier... Satyam S. Kathrein

Welche Konsequenz zieht man daraus?!

S.T.: Die Konsequenz ist der Aufbruch in die Freiheit. Eigentlich total krass, dass Menschen sich nur aus dem Kokon begegnen. Aber es ist so. Wir haben uns nur schon so daran gewöhnt, dass es sich immer irgendwie hölzern anfühlt in der Zweisamkeit. Schafft man es, z.B. mit Hilfe eines Meistercoaches, mal einen Moment aus diesem Kokon auszusteigen, ist es, als würde man seinen ersten, echten Atemzug tun. danke Satyam

U.s.: Diesen Text sollte man sich jeden Moment ins Bewusstsein holen. Alles was drin steht trifft auf mich zu 100% zu, obwohl ich mir immer etwas anderes vorgemacht habe, nur um nie genau hinzuschauen. Aus der Ohnmachtssituation der Kindheit nicht wirklich geliebt zu werden, wurde eine immer stärkere Sucht nach der Macht über andere Menschen. Auch alles spirituelle was ich gelesen und erfahren habe, habe ich immer nur in diese Ecke in mir eingebaut, weil es mir noch mehr (dunkle) Macht verliehen hat. Erst durch das Coaching mit Satyam, der mir mein Verhalten so gespiegelt hat, dass ich nicht mehr wegschauen konnte, mit dem Eingeständnis, dass ich so funktioniere und der Konsequenz, dass ich die volle Verantwortung dafür trage, war ich bereit, mich aus meinem eigenen Gefängnis zu wagen. Auf einmal sieht man das Leben mit anderen Augen. Danke

L.W.: Die Konsequenz ist erstmal die absolute Bereitschaft, sich mit allem in Frage zu stellen - ist das, was ich lebe aus meinem wahren Sein oder die Folge meiner Prägungen und Erfahrungen aus der Zeit des Heranwachsens...Das erfordert Mut und Durchhaltevermögen, aber das ist der Weg zurück in die Ursprünglichkeit des eigenen Wesens und in die Freiheit, Herzensliebe, Verbundenheit und Seelenfrieden. Ein Meister/Coach unterstützt diesen Prozess und ermutigt immer wieder durch sein Vertrauen und seine bedingungslose Liebe und Klarheit

19.03.14

Hallo Satyam,

vielen Dank für die Einladung heute Abend, E. hat mich vorhin angerufen. Ich schaue dass ich es bis 18 Uhr schaffe. Sonst komme ich etwas später.

Ich kriege immer mehr mit, wie schräg ich drauf bin und wie die Sätze sind, die rechtfertigen so zu sein.
Es hat sich etwas geändert und ich bin in den letzten Tagen besser zufrieden.

Ich habe Mut weiter zu gehen und gleichzeitig ist die Angst, alles was ich zu haben scheine aufzugeben. Überall steckt die Macht drin. Ich habe mir ein sehr feines System erschaffen wie ich manipuliere. Das ist mein liebstes Kind und gleichzeitig ist es sehr ekelig. Es gab eine Situation mit R., in der es darum ging was A. mir als Grund gesagt hatte warum er nicht bei uns einzieht. Ich habe es bei R. so hingestellt als hätte A. gesagt, dass es an R. und mir liegt, dass er nicht einzieht. Das stimmt aber nicht.

A. hat mir sehr viel erzählt, und das war nur ein Aspekt von ganz vielen anderen. Ich habe aber nur das herausgesucht. Gestern haben wir das geklärt, aber daran muss ich mir anschauen, wie berechnend ich irgendetwas mache. Es fällt mir schwer, da komplett rein zugehen und das zu spüren, aber so bin ich. Das will ich aufdecken und nie wieder tun.

Liebe Grüße, L...

20.03.14

Guten Morgen Satyam,

heute Morgen hat`s schon gewaltig gerappelt in der Kiste...im Sinne Desillusionierung. Ich bin aufgewacht und es war sofort die Enge, Nein, Angst da und ich konnte das zum ersten Mal von außen beobachten und sehen, dass dies Schmerzkörper, Prägung etc. ist.

Und dann ist mir auch vieles noch klarer, bewusster geworden, wie ich funktioniert habe und warum. Das Thema Rücksichtnahme – die Situation mit dem Glas gestern – Mitgefühl usw. Meine scheinbare Fürsorglichkeit im Elternhaus – damit habe ich mich arrangiert und einen Platz „erkämpft" – wenn ich gebraucht werde, bin ich etwas wert und habe so die Ohnmachtsgefühle und auch das Gefühl der Desorientierung kompensiert und dadurch natürlich ganz viel Macht und Energie bekommen.

Ich habe dafür einen hohen Preis bezahlt, weil ich alles, was mit sog. Schwäche und Verletzlichkeit und im Grunde Menschlichkeit zu tun hatte abgelehnt habe und das Weibliche verachtet habe. „Ich habe gut gelernt...?!" nachgeahmt, wie du es neulich beschrieben hast.

Und letztlich wurde ich aber in meinem ganzen Leben von all dem, was ich versuchte über die Gutmenschmaske zu verbergen und zu unterdrücken gesteuert. Wut, Verächtlichkeit, Hochmut, Schuld, Angst, Scham, Kampf.... Und ich merke, wenn Bewusstsein da ist und ich ohne Schuldgefühle klar sehen kann, dann fließt die Energie in meinem Körper und das Gefühl von Orientierungslosigkeit – das macht mir immer wieder am meisten Angst...ist weg.

Ich habe total schräge Vorstellungen vom Leben und den Menschen, Männerbild, Frauenbild, usw. übernommen und gelebt...den Text, den du gestern gepostet hast habe ich mir durchgelesen und ich denke, das hat auch einen Anstoß zu meinen Erkenntnissen gegeben, weil es genauso ist. Danke!

Liebe Grüße
U.

20.03.14

Hallo Satyam,

vielen vielen Dank für gestern und für alles, für Deine Ausdauer, Dein Verständnis und Deine Beharrlichkeit das zu leben worum es geht und nicht zu akzeptieren und mir/uns Grenzen zu setzen, worum es nicht geht.

Heute früh war es mir ganz leicht, wie der Frühling, und es war kein Kampf da. Es war, schön, ich darf so sein wie ich im Grunde immer sein wollte und der angebliche Kampf darum hat in der Kindheit angefangen. Es war aber der falsche Kampf, ich habe es damals falsch verstanden und habe mich genau zum Gegenteil entwickelt wo ich im Grunde hin wollte.

Ich kann das gar nicht in Worte fassen was heute ist, es ist eher eine Gewissheit auf dem Weg zu sein für den ich hier auf Erden bin, das leben zu können was ich mir immer erhofft habe. Ich glaube nicht, dass ich ohne Deine Hilfe hier hin gekommen wäre. Ich hätte mich eher verirrt in meinem selbstgeschaffenen Labyrinth in meinem Kopf. Ich hätte mich selber ausgenockt, mich entweder total toll und frei und spirituell gefühlt, weil ich ja vieles sehe und mitbekomme und auch den Mumm habe Menschen zu sagen, was bei ihnen abgeht, oder ich hätte mich total verkrochen und hätte auch gedacht ich wäre erwacht, weil ich so anders bin, mich niemand versteht usw. Dass das eine krankhafte Verrücktheit ist, da wäre und bin ich vorher niemals drauf gekommen, weil mein gesamtes Leben schon so war und ich bisher nicht für verrückt erklärt wurde.

Die Leichtigkeit ist wunderschön und ich habe Spaß daran weiter zu experimentieren. Ich weiß, dass ich nicht verloren gehen kann, das ist es, was mein Innerstes mir immer weiß machen will, wenn ich in die neue Richtung gehen will. Ich kann nicht verloren gehen, weil ich in Dir jemanden habe, der es mir sofort sagen würde. Deshalb kann ich es wagen. Vielen Dank.

Dieses zu schreiben hält ein Teil von mir für total verrückt und dass ich aufpassen muss, und was Du wohl dazu sagst, ob das was ich schreibe o.k. ist usw. Für einen anderen Teil von mir ist es die Realität und mein Herzenswunsch, dass ich mich leben darf. Ich wage es einfach mal........

Liebe Grüße, S.

20.03.13

AKADEMIE für LEBENSTHEMEN-THERAPIE:
Ausbildung zum Therapeuten

Modul 12 - Treffen von Wesen zu Wesen

20.-23.3.2014
Leitung: Satyam S. Kathrein & Team

Wir bieten Schulungsseminare für die Ausbildung zum Therapeuten der Lebensthementherapie an, außerdem die Weiterbildung von Psychologen, Psychotherapeuten und Körpertherapeuten.
Für weitere Informationen wenden Sie sich bitte an unser Münchner Stammhaus: Neo Holistic Institut – Zentrum für Gesundheit und Bewusstsein; neo-holistic-institut.de

Der Forschungskreis: Aufbruch ins Goldene Zeitalter – der Neue Mensch! Satyam S. Kathrein ist Initiator und Teilnehmer an dem Forschungskreis, kompetente Kollegen aus allen Sparten der Gesellschaft erarbeiten neue tragfähige Modelle des Miteinander Seins für eine lebenswerte Zukunft in Europa und für alle Erdenbürger.

Ob Stiftungen, Einzelpersonen oder politische Einsicht, viele Menschen unterstützen dieses Tun aus demselben Grund, wir haben keine andere Chance! Nur das Bündeln und die Mobilisierung aller Kräfte, ohne politisches Kalkül, hilft uns in eine lebenswertere Zukunft aufzubrechen. Wir brauchen viele Enklaven voll experimentierfreudiger Menschen, die versuchen, zeitgerechte Modelle für alle Ebenen der Gesellschaft zu entwickeln. Der Zustand auf Erden fordert uns geradezu heraus, Neues zu testen.

Vernageltes Sicherheitsdenken und ein altgedientes, evolutionär nicht weiter tragbares Anhäufen und Hamstern von Ressourcen und finanziellen Mitteln hört dank der Erlösung der Lebensthemen endlich auf.

Ein Mensch kann nach dem Tod nichts Materielles mitnehmen, nur die Bewusstseinsentwicklung ist der Gewinn seiner Seele. Alle Religionen werden zur simplen Wahrheit und Realität zurückkehren,

Wir sind alle Eins! Der Kampf der Seelenfänger hat ein Ende. Gott ist Liebe, wir alle sind Liebe, und das werden wir nach der Transformation unserer Lebensthemen unweigerlich zeigen!

Arbeits- & Lebensgemeinschaft für innovative Schulung
Das Team vom Neo Holistic Institut gründet eine Interessensgruppe und arbeitet mit diesen Gleichgesinnten an der Umsetzung einer Enklave der Wahrheit, der Realität – gelebter Paradigmenwechsel der äußeren und inneren Werte in Form eines Zentrums mit Seminarbetrieb, einem Schulungshotel, mit Kuraufenthalt für Transformation und Meditation, ein Platz, an dem Neues erprobt, Gemeinschaft erlebt und Schulungen für viele Bereiche der Gesellschaft vorbereitet und durchgeführt werden. Das Herzstück ist dabei immer die Aufarbeitung der eigenen Thematik, die Erlösung der Lebensthemen!

S.B.: Das es so was gibt habe ich mir nicht vorstellen können, bin berührt und begeistert

A.D.: Der neue Mensch: Wie in diesem Text beschrieben, braucht es auf allen Ebenen das Ziel, in die Egolosigkeit und das Miteinander zu finden erst dann wird das Leben lebenswert. Das fängt im Kleinen an (z.B. das Gespräch mit dem Nachbarn) und hört im Großen (Führungsetagen, Chefsessel) auf. Es betrifft uns alle und kann nicht etwas sein, das nur in esoterischen oder spirituellen Kreisen thematisiert wird. So wie sich am Mittwoch auf dem bayerischen Nockherberg beim Derblecken zum Schluss in der Runde alle einig waren: Man darf nicht seine Seele verkaufen. Das gilt für den Schreiner genauso wie für den Politiker.

R.U.: schön, dass es so etwas gibt. Es berührt mich, weil der Wunsch danach schon mein ganzes Leben da ist und es jetzt die Möglichkeit gibt, dass dieser Wunsch wahr wird.

21.03.14

OSHO sagt:
Wenn dieses Zeuge sein da ist, hört dein Ego auf zu existieren - und du wirst sehen, wirst erkennen, wer du wirklich bist. Das Ich wird sterben und du erlangst das Selbst.
Und eines Tages wird der Sehende in seiner ganzen Größe und Herrlichkeit erstehen und dann hat deine ganze Armut und Armseligkeit ein Ende.
Ego Buch S. 385 Heyne Verlag

> D.K.: Wie wir schon besprochen haben, sehe ich das etwas anders. Das Ego muss nicht getötet, sondern als Freund transformiert werden. Es ist in Wirklichkeit die Saat, aus dem das Erkennen des wahren Selbst entsteht. Der "Zeuge" ist ein Zustand jenseits der Psychologie des Verstandes und in sich aber auch wieder ein Zwischen-Zustand - eine Etappe - an dem es sich nicht lohnt festzuhalten. Jenseits des Zeugen wartet noch viel mehr "Herrlichkeit" (und "Fraulichkeit") ☺

Satyam Kathrein: Lieber D., bei aller Liebe, dass Du Dich in Deinem vermeintlichen Erleuchtungszustand über einen Meister wie Osho stellst und auch meine Erkenntnis ohne Selbstzweifel vom Tisch wischst und Deine vermeintliche Wahrheit, die der Realität der Meister nicht entspricht, so öffentlich kundtust - bring Dich in eine Ecke von Egolastigkeit die einen Ego-Check unbedingt bräuchte... Das spirituelle Ego ist das nächste zur dunklen Seite der Macht, weil man irgendwie größenwahnsinnig seinen Schmarrn jedem in den Kopf stecken will. Sorry D. - hatten ansonsten ein gar köstliches Skype-Gespräch... Satyam

22.03.14

U. G. Krishnamurti sagt:

Wisst ihr, die Leute stellen sich für gewöhnlich vor, dass die sogenannte Erleuchtung, Selbstrealisation, Gottesrealisation oder wie auch immer (ich mag diese Begriffe nicht) irgendetwas Ekstatisches wäre, dass man sich permanent in einem Zustand der Glückseligkeit oder Verzückung befände - das sind Vorstellungen, die sie von diesen Leuten haben...

Eure Vorstellung hat mit der tatsächlichen Situation nicht das Geringste zu tun...

Deshalb sage ich oft zu den Leuten: "Wenn ich euch nur einen flüchtigen Einblick in das, worum es geht, vermitteln könnte, ihr würdet es nicht mal mit der Kneifzange anfassen wollen."

Ihr würdet davonrennen, weil es nicht das ist, was ihr euch wünscht. Aber wisst ihr, was ihr euch wünscht, gibt es gar nicht.

23.03.14

Therapie?!: ASSIMILATION statt TRANSFORMATION

Therapeutische Erfolge reichen höchstens bis ins späte Jugendalter, danach sammelt man meist nur neue geschickte Masken des Verhaltens.
Der Mensch ist schlauer als ein Fuchs. Und ein großes schauspielerisches Talent... und nutzt dieses, um zu tun was er will - leicht vernebelt, damit er es vor sich selbst "geheim" hält!
Und weil er es kann ohne Grenzen - macht er´s so!
Und hinten drin lacht das verletzte, tyrannische innere Kind und fühlt sich jederzeit als Gewinner. Innenleben nicht gleich Außenleben...

So steckt sogar im Therapeuten-Guru-Tantra-Paar noch die fiese Absicht das Fremdgehen früherer Lebensabschnitte bei Gelegenheit (Krankheit, Pleite, Herzinfarkt, Schlaganfall) ordentlich heimzuzahlen - nichts ist vergessen!

TRANSFORMATION = Saulus zum Paulus - ist Sterben und Wiederauferstehung - ist der Phönix durch die Asche - ist das Erwachen in die Buddha-Natur!

BEI UNS WERDEN SIE GEHOLFEN: neo-holistic-institut.de Satyam Kathrein

> C.M.: Hier wird wirklich geholfen, hier ist drin was draufsteht. Weshalb ? Weil Satyam das was er sagt auch lebt, zu 100%. Ich war bei einigen Erwachten, Therapeuten, Gurus... aber wenn´s ums Eingemachte geht, dann sind die Anhänger wichtiger als die Wahrheit und das macht den Unterschied ob jemand wirklich helfen kann oder nicht. Ich bin sehr dankbar für diese Hilfe, hatte schon fast aufgegeben

24.03.14

RETREAT: 28.3.-2.4.2014
Last tickets...

YouTube-Video: Bewusstseinsarbeit mit ZEN-Meister Satyam S. Kathrein
Einfach mal reinschauen und wirken lassen...

> D.B.: Danke für die Einladung, das ist ein tolles Video, macht alles klar um was es geht. Ich mach mit beim Retreat, ich will es wissen ♥

25.03.2014

DER SEELENcountdown...

Mark interviewt Jed McK.

Was würdest du sagen?

Ich würde sagen, man will entweder beruhigt oder aus der Fassung gebracht werden, im Grunde genommen beides, aber am meisten beruhigt. Das Ego möchte beruhigt werden, doch der Teil von euch, der aus der Fassung gebracht werden möchte, jene leise, nagende Stimme im Hintergrund (deine Innere Seelen-Stimme), das ist der Teil, der dafür sorgt, dass etwas geschieht, und irgendwann, in irgendeinem Leben ist dieser winzig kleine Mahner groß genug geworden, um etwas tun zu können.

Er greift sich das Steuer und wirft es über Bord, und dann knallt und brennt es in eurem Leben. Damit fängt alles an.

Was fängt an?

Euer Leben. Damit fängt euer Leben an.

26.03.14

Mal SCHNUPPERN und WOHLFÜHLEN... ♥
Erlebnis Meditation - Wellness pur - Wochenende 11.-13. April 2014 ♥

27.03.14

WAHRHEIT - Realität?!!

Die Wahrheit ist Jenseits von Gegensätzen. Die Dualität ist ein Traum. Es ist keine Yin-Yang-Beziehung, es ist das eine oder das andere. Die Wahrheit enthält kein Element des Falschen, und das Falsche enthält keine Wahrheit.

Es gibt nur Wahrheit und Illusion, und innerhalb der Illusion gibt es nur Angst und Verleugnung.

Die Angst vor der Wahrheit ist das Fundament, auf dem Mayas Palast der Täuschung errichtet ist. Sie hat nur so viel Macht, wie wir ihr geben.

Das Leugnen der Angst ist das Motiv, das allen Aktivitäten zugrunde liegt, auf die Menschen sich einlassen. ♥ Jed McKenna, Spirituell unkorrekte Erleuchtung

S.B.: Jed McKenna, Osho, Satyam - Ihr seid Super !

28.03.14

MOMENTO MORI... tertium quid

oder 629 Freunde die sich vor dem Schritt in die Freiheit fürchten...

Genau dieser Punkt - ruft Jed McKenna in die Mitte des Saales - der Punkt nämlich, an dem die Person, die gefallen ist, sich nicht traut, zur Person wird, die wieder aufsteht - markiert die exakte Grenzlinie zwischen zwei Formen des Seins. Das Ego mag sich nach Erleuchtung sehnen, doch das Ego kann jene Grenzlinie nicht überschreiten.

Die Person, die aufsteht, ist eine andere als die Person, die gefallen ist. Es ist der grundlegende Prozess von Tod und Wiedergeburt, und nichts bewegt sich vom Fleck, bevor er nicht stattgefunden hat.

28.03.14

Die LÖSUNG = ganz EINFACH...

Es ist ja nicht so, dass ein besserer Weg zwar zur Verfügung steht, es den meisten Leuten aber nicht gelingt, ihn für sich zu nutzen.

Es ist vielmehr so, dass ein besserer Weg jederzeit mit voller Kraft am Wirken ist, und von der Ebene seines mickrigen, isolierten Selbst aus zu agieren bedeutet, gegen ihn zu arbeiten. Mit anderen Worten: Er wirkt in unserem Leben nicht in dem Maße, in dem wir ihn beherrschen oder für uns nutzen, sondern in dem Maße, in dem wir ihm ausweichen.

Es ist wirklich nichts anderes, als erwachsen zu werden, sich voll in das eigene Potential hinein zu entwickeln.

Man sollte meinen, so etwas müsse das Hauptthema in jeder Familie oder Schule sein, doch die meisten Erwachsenen sind nur Kinder, die nicht wissen, dass sie Kinder sind, und reichen die Fackel der spirituellen Zwergwüchsigkeit an die nächste Generation weiter und so fort.

Wir hoffen, dass unsere Kinder einmal Präsidenten oder reiche Ärzte oder einflussreiche Anwälte werden, als wenn dies irgendeine Art von Erfolg wäre.

Wir sollten vielmehr darauf hoffen, dass sie zu erwachsenen Menschen heranreifen, und unsere Definition von Erfolg entsprechend korrigieren.

Jed McKenna

29.03.14

DONNER & TORIA... Wenn die ZEN-Pauke ertönt ☺

Keiner will wahrhaftig begreifen wie weit er im Prägungs-Ich hockt!
Was aus tiefster Ecke sein Leben bestimmt!
Versteht sich allerdings immer als Guter, Werte folgender Familienvater...

Die Story:
Vater aufgewachsen in kleinstem Dorf in Hessen, wird wegen seiner
Kopfform und Brille seit frühester Kindheit gehänselt... Schwört sich
innerlich: Dafür werde ich mich rächen, nie mehr ohnmächtig weinen!
Wird bester Schüler, studiert mit "Summa cum laude" und wird mit Dr.
Titel Geschäftsführer einer großen Firma.

Schafft um sich einen Ring von aufschauenden Höflingen und Freunden,
Sitzt ein Leben lang in einer Sondermachtglocke und benutzt sie ständig
und überall. Die eigenen Kinder werden unter ihm so traumatisiert, dass
sie sich nicht frei und unterstützt mit Nestwärme entwickeln... Achtsam
schaut er darauf, dass er sie immer mit ein paar Worten in den
energetischen Zusammenbruch führen kann - die Kinder ihm als
Energiespender zur Verfügung stehen und im Aufwachsen sich nicht an
ihm vorbei in höhere Gefilde entwickeln können...

Diese Nabelschnüre verhindern den gesunden Werdegang der Kinder und
zusätzlich merkt der Vater gar nicht, dass er eigentlich ganz andere Dinge
im Leben vollbringen wollte als er auf Grund seines
Minderwertigkeitsgefühls dann tat...
Wenn überhaupt können Kinder und Vater nur über das Wissen der
Seelenlebensaufgabe aus diesem System befreit werden...

...und die Kinder werden in ihrem Erwachsenen Leben ansonsten ebenfalls
Täter, Energieräuber ohne Herz und tatsächlicher Liebe...

Freunde, auch wenn Euch meine Worte eher stören als das Ihr Euch helfen lasst... Wir kommen alle nicht wirklich dahin, wohin wir uns als Seelen aufmachen und das fehlt dem lieben Gott seit langem als Lichtbringer...

...in Liebe ♥ Satyam & der Don ...lasst uns zusammen die ZEN-Glocke ertönen...

U.S.: Ich liebe Donner und Toria, ich liebe die Zen-Pauke!

G.T.: Ich läute mit, denn ich habe es satt, in dem Reigen mitzutanzen und zu spielen. Und die Veränderung beginnt bei mir – jetzt ♥

31.03.14

Jeder hat seine Wahrheit... nur DIE REALITÄT IST IMMER DIE SELBE:

Frühlingserwachen 2014

YouTube-Video: Klartext 2013 von Satyam S. Kathrein

Die Komfortzone des Egos ist das Spielfeld des ängstlichen Suchers und der begierigen, egoischen Heiler, Therapeuten, Psychologen, Satsanggeber, Gurus und Chaka-Chaka-Coaches. Für Transformation in ein höheres Bewusstsein, muss der Sucher die Egokomfortzonengrenze überschreiten. Dabei kann Ihm nur ein Coach helfen, der ohne Ego-Reste die schwarze Macht des Egos sprengt.

D.Z.: Genau diesen Klartext braucht es viel öfters, das ist genau das, was sonst überall in spirituellen Kreisen, nicht ausgesprochen wird.. Danke! Klasse

H.O.: Vielen Dank für den Klartext. Ich finde den Klartext braucht es in jedem Leben und in jeder Situation. Wenn ich bei mir schaue, wie oft ich aus alten Strukturen handele, aus dem, was mir meine Eltern oder die Gesellschaft als Wahrheit vorgegeben haben und vorgeben. Wenn ich klar hinschaue stimmt das gar nicht. Dann muss ich erkennen, dass ich in einer völlig falschen Welt lebe, in der nichts so ist wie es bei Klarsicht ist. Ich bin dabei mich zu desillusionieren und fände es schön, wenn viele da mitmachen, damit die Welt klarer wird

02.04.14

SATSANG beim Heurigen tour 2014:
WANST WUIST GEHST HER...
1.-15. april Jed Mc pur BUNKT

Noch´n Gedicht... von MEISTER Jed McK.

Hey, lachte der Guruji seiner tausendfachen Anhängerschaft entgegen... ist doch alles ganz einfach...
Und es stimmt wahrscheinlich. Wenn es Zufriedenheit ist, wonach jemand sucht, dann scheint es zumindest oberflächlich betrachtet ein gute Idee zu sein dem Betreffenden zu raten nicht mehr unzufrieden zu sein, ihm zu sagen, sein Problem bestehe nicht darin, dass ihm etwas fehle, was er wolle, sondern vielmehr wolle er etwas, das ihm fehle, und sobald er damit aufhören würde, es zu wollen, werde es ihm auch nicht mehr fehlen.

Das wäre in Ordnung, wenn sie nur über Zufriedenheit und glücklich sein sprechen würden, aber sie - und mit sie meine ich die komplette Liste von Autoren und Lehrern, deren Lebensunterhalt und Ruf darauf gründet, für diese Art von Gefängnisideologie einzutreten - beziehen es auf Erleuchtung, Erwachen, Buddhaschaft und Wahrheit.

An all dem ist nichts neu oder überraschend. Es ist die Standardverfahrensweise abwehrender Unwissenheit, nur ein weiterer Tag im Büro für Maya. Wie hält man Leute in einem Gefängnis ohne Schlösser fest? Indem man sie daran hindert, unzufrieden zu werden. Ist doch ganz einfach!

Das Problem besteht in ihren Augen darin, dass spirituelle Sucher meinen, sie müssten den Berggipfel erklimmen, wo ihrer Vermutung nach solche Spitzenindividuen wie Buddha und Jesus wohnen.

Doch die Sucher leisten keine besonders gute Arbeit - eine recht gefahrlose Methode, totales Versagen zu interpretieren.

Statt die eigenen Vorstellungen von Jesus, Buddha und Berggipfeln zu überdenken, versucht der spirituelle Lösungsfinder dem Problem beizukommen, indem er Etiketten austauscht.

Nun ist das Tal bereits der Gipfel, und jeder ist bereits erleuchtet, sofern er dem Etikettentausch zustimmt. Das neue Ziel ist genau hier, genau jetzt und muss nur noch als solches erkannt werden. Voilá! Totales Versagen ist jetzt totaler Erfolg. Frieden ist Krieg. Gefangenschaft ist Freiheit. Unwissenheit ist Wissen. Schlafen ist Wachsein.

Dies ist so orwellhaft, so dreist und doch so raffiniert, und es repräsentiert auf so elegante Weise den Selbstbetrug, zu dem der auf Angst gründende Geist fähig ist, dass es in mir starke Gefühle von Bewunderung und Respekt für Maya hervorruft. Ich sage dies ohne jede Spur von Ironie. Ich kann mir nichts Faszinierenderes, Liebreizenderes oder Anerkennenswerteres vorstellen als Maya, die Architektin der Täuschung, die Intelligenz der Angst. Unser geliebter Big Brother.

> I.G.: Dieser Text ist klasse, das ist ein Spiegel den ich mir immer vor Augen halten kann, damit ich nicht immer wieder selbst auf mich reinfalle. Danke

> M.S.: phänomenal

03.04.14

YouTube-Video: Satyam S. Kathrein: Jetzt – Der Ring der Kraft des Bewusst Seins

Die spirituelle Zukunft hat längst begonnen. Bewusst Sein ohne Ego bedeutet: Selbst Sein unter Gleichen und ums Erwachen Bemühter. Guru- und Konkurrenzgebaren ist out! Sei ein Hüter für Dich, Deine Liebsten, am Arbeitsplatz, für die Natur und Dein Umfeld, verändere die Welt.

05.04.14

Just on air... ♥ the new book!

Satsang: ...to go !
Ein Zen-Meister teilt aus!

...von Don Satyam Kathrein, jetzt neu erschienen ♥

06.04.14

L.K.:
In all therapies and spiritual workshops nobody realizes that behind the pain body it`s the ego that rules everything and it`s a very nasty and tricky institution in everybodies personal system. It abuses power not for bringing light and love but for darkness. Because of my experiences in my childhood I

built up a very strong ego to protect myself against pain and injurance and not feeling so weak and helpless. And this second hand personality influenced all my life - creating relationships and job situations according to my very deep decision " Nobody will get to see my true face/being any more". I considered myself as a victim and did not realize that I abused everything - even people who loved and trusted me - not to transform but to hold on my revenge for all the insults in my childhood. In front of the door I showed a very sympathic and loyal personality and believed in being this.

But working with Satyam I discovered the reality about my personal system and found the true reasons for my ongoing feelings of depression and deception- my pain body - in my life. The ego uses the pain body as an alibi and it never gives up voluntarily. And when it`s discovered by a master it feels being attacked and considers this person as an enemy and rejects the truth - though - being conscious- you know that the master is right and helps you with all his love to transform into your real being - the new man/woman. So, B., your point of view is only half part of reality:

You only stop hurting when you are aware of your ego and let it die...There`s no other way.

> B.: Dear L., it is not my point of view, it is my direct experience: the ego is the painbody, the painbody is the resistance to pain, the resistance to this moment's experience, yes it appears like a monster that sabotages everything, and yet it is only a smokescreen hiding your true nature. Become aware of it, experience the pain totally while you are aware of the story that you tell yourself about it, and you are free. If you look for freedom it will not happen, if your experience what is and are totally one with it, the byproduct of experiencing is awareness, love and peace. This is the theory, it does not help, unless you enter into this moment's experience. Behind the story is freedom. This is my experience and this is what has liberated many friends who have to courage to die to who they thought they are. Love and Blessings, B.

Satyam Kathrein: And to die to who they thought they are means to die as ego... The painbody is a part of the ego but more behind the ego as an own

119

cell of power! If you close the painbody it doesn´t mean to close the complete ego! So if you go in your therapy only up to the painbody you will not cancel the root - the ego still remains - may be silent for this moment... it hides, so you can´t shoot it down... And if the rest-ego is still behind, it can move every moment and conquer your whole system again... So both of you are right, but maybe L. found something very important even for you my friend B.... may be... Satyam

> L.K: : That`s definitely what I experienced through more than 20 years of different forms of therapy and spiritual practice

05.04.14

Why not having a taste of Buddha-Nature...
Welcome to a little ♥ sneezer! 11.-13.4.2014

Erlebnis Mediation – Ein wunderbares Wochenende zum Abschalten, Energie tanken und rundum verwöhnen lassen ♥

Herzlich Willkommen !

06.04.2014

OK - verstehe... ♥

Kindheitstrauma - Prägungsich - Seelenthema - Lebensthema - Ego steuert den weiteren Werdegang - bemerken von eigener Täterschaft / entstandenem Dickkopf / I do it my way - abgleichen wohin die Reise gehen soll/Wer bin ich/definiere mich neu - halte Entscheidung ein - höre mit eigener Heimzahlung/Täterschaft in allen Ebenen des Lebens auf - mein Kreuzweg wird dadurch geheiligt - werde zum Lichtbringer... ☺

...und dann???? EGO-CHECK nicht vergessen!!!!!!!!!!!!!!!

W.S. Der Ego-Check ist hilfreich und unterstützend, habe von mir gedacht ich bin da schon durch. Doch erst der Check hat mir gezeigt, wo ich überall in mir das Ego noch versteckt gehalten habe, da wollte ich erst gar nicht hinschauen und habe mich innerlich zur Wehr gesetzt, aber es tut überhaupt nicht weh, sondern nimmt den ganzen Druck raus der da schon mein ganzes Leben drin steckt. Danke

T.K.: ja, der Ego-Check zeigt immer wieder wo ich stehe und dadurch komme ich mehr an die total versteckten Winkel, die ich sehr gut zugestellt habe. Es ist erleichternd wenn ich mir das anschaue und sehen und entscheiden kann, dass ich das nicht bin. Immer öfter ist das Wirkliche da und dann spüre ich warum ich hier bin und was meine Bestimmung ist. ♥

06.04.2014

Nur WENIGE Momente

- selten öffnet man das wirkliche Transformationsfenster... und im Alter ist meist die Seele verraten, tot!

Rebellion - Jugend, Schmerzkörper voll traumatischer Erlebnisse lässt den Wagemut schmelzen... Midlife crisis, so um die 45 J. erlaubt noch einmal das Fenster zu kippen, aber wer jetzt nicht ernst macht hat im Alter meist verloren...

Da steht zu viel Rente, Ansehen und irgendwie auf ein Podest steigen wollen im Vordergrund... und dann folgt das stimmungslose Abtreten... und Tschüß... Wen interessiert denn noch was? Narzisstisch und voller Neurosen werden alle menschlichen Werte verraten...und mit Füßen getreten...

W.L.: ..so isses leider - außer man kriegt noch mal den Hintern hoch, weil da jemand ist, der uns wieder an das erinnert, was uns mal wirklich am Herzen lag, und was wir aus verschiedensten Gründen weggepackt/versteckt haben und der uns hilft, all dies wieder auszupacken..

O.Z.: ...ja genau, weil ganz tief im Innern etwas ist, das leben will, das sich nach Klartext sehnt und aufräumen und daran wachsen will, was in der Kindheit und im weiteren Leben geschehen ist

07.04.2014

DIE LIEBE IST DAS EINZIGE,

was sich wirklich zu leben lohnt. Alles andere ist Nebensache. Alles, was der Liebe dient, ist gut. Alles andere ist nur Mittel zum Zweck, doch die Liebe ist der Zweck. Darum lass dich ein auf die Liebe, so sehr es auch wehtut!

Wenn du dich nicht auf die Liebe einlässt - wie es viele Menschen vorziehen -, gerätst du in eine Sackgasse. Dann hört dein Leben auf, eine Pilgerreise zu sein. Dann ist Dein Leben kein Fluss mehr, der Richtung Meer fließt.

Dann ist dein Leben wie ein stagnierendes Gewässer, ein trüber, schmutziger Tümpel voller Schlamm. Um rein zu sein, muss man im Fluss bleiben. Fließen ist der Prozess, durch den man jungfräulich rein bleibt.

Ein Liebender bleibt immer rein und unberührt. Alle Liebenden sind rein. Menschen, die nicht lieben, können nicht rein bleiben. Sie schlafen ein, sie stagnieren und früher oder später - eher früher als später - beginnen sie zu stinken, weil sie sich nicht weiterbewegen. Ihr Leben stirbt ab.

Genau in dieser Situation befindet sich der heutige Mensch und darum sind alle möglichen Neurosen, alle möglichen Geisteskrankheiten heute so verbreitet. Die psychischen Störungen haben fast epidemische Ausmaße angenommen. Es ist nicht mehr so, dass nur einige wenige Menschen psychisch krank sind. Die Realität ist, dass die ganze Welt zu einem Irrenhaus geworden ist. Die ganze Menschheit leidet an einer Art Neurose.

Und diese Neurose kommt von eurer narzisstischen Stagnation. Jeder ist in seiner eigenen Illusion gefangen, ein getrenntes Selbst zu haben. Und auf diese Weise werden die Menschen verrückt. Aber es ist eine sinnlose, unproduktive, unkreative Verrücktheit. Oder die Menschen begehen Selbstmord und auch ihr Selbstmord ist unproduktiv und unkreativ.

Man kann Selbstmord begehen, indem man Gift nimmt, von einer Klippe springt oder sich erschießt. Man kann aber auch einen ganz langsamen Selbstmord begehen - und so geschieht es. Nur wenige begehen einen plötzlichen Selbstmord: Sie sterben ganz allmählich, nach und nach. Doch die Neigung zum Selbstmord ist allgemein verbreitet.

Dies ist keine Art zu leben, und die Ursache, die grundlegende Ursache ist darin zu sehen, dass wir die Sprache der Liebe verlernt haben. Wir haben nicht mehr den Mut, uns auf das Abenteuer namens Liebe einzulassen.

OSHO

K.M.: stimmt!

S.B.: Ich habe diesen Text von Osho vor einiger Zeit schon einmal gelesen, das trifft genau zu, damals so wie heute, es hat nichts an seiner Aktualität verloren, es ist eher so, das alles noch neurotischer geworden ist. Da kann man nur in den Spiegel schauen und bei sich selbst anfangen. Danke für Deine Inspirationen

L.M.: Ja, ich glaube das ist der Hauptgrund, der fehlende Mut... doch was haben wir zu verlieren? Eigentlich gar nichts (denn wem macht so ein abgespaltenes Leben schon Spaß) und doch so viel...denn eigentlich ist das Leben ja viel zu kostbar um es mit Unsinn zu vergeuden. Aber man glaubt ja immer irgendwie man hätte noch sooo viel Zeit...das ist wirklich nicht mutig. Auch ich fühle mich inspiriert und erinnert von diesem Text. Danke!

08.04.14

HEY, was heißt da BEWUSST SEIN...?!

JA, das ist ja der Trick... Wie? Was iss los? Versteh ich nich´! Sorry Du!

Hab´ ich überhaupt nicht bemerkt!?!

Unbewusstes Verhalten schützt nicht vor Verantwortung und Konsequenzen. Es schützt lediglich unseren bequemen Lebensreigen, wo wir geschickt tun was wir wollen und dann doch empört und verachtend darüber sind wenn alle anderen es ebenso tun.

Und die Handlungsinstanz die wir nicht wirklich sind, die uns allerdings zu mindestens 3/4 unseres Lebens bestimmt, lacht sich ganz hinten drin förmlich kaputt über den vermeintlichen narr-zisstischen Sieg.

Das schmeckt unserer gefühlten Lebens-Ohnmacht so gut, dass wir auf dieses leckere Süß an Macht und Kontrolle nicht verzichten wollen...

...und so ist das dann halt...

Vorteil: man hat´s scheinbar gemütlich

Nachteil: am Ende schmeckt´s irgendwie doch bitter - da der Sinn des Lebens, die Evolution der Seele nicht vorangebracht wurde, gehen in allen Ebenen auf meist eigenartige Weise die Lichter aus... nach dem Motto: next life - next chance!

C.S.: Der Text ist hart aber wahr! Wenn ich das lese, dann spüre ich in mir, dass mein Ego genau das nicht hören will. Aber es bringt mir nichts mir vorzumachen, dass ich das nicht mitkriege, letztendlich ist immer alles bewusst, da allem einen Entscheidung zugrunde liegt wie man handelt.

R.L.: Ooooops, da fall ich manchmal immer noch drauf rein ... mein Egolein ist halt schon gern am Wirken ... mit dem Löwen im Aszendenten hat man es diesbezüglich halt schon etwas schwieriger als andere ☺ (Nänäi, dies war wieder ein Sprüchlein von meinem Egolein ... aber auch dieses - mein Egolein - darf doch SEIN, jedenfalls zeit-weise und möglichst nur, wenn es MIR bewusst ist, dass es IST, ok?) ♥

Satyam Kathrein: Simsalabimsbasadusaladim..... ♥

12.04.14

VERFLIXTE ERLEUCHTUNG

Jed McKenna:
Wenn mir etwas an Resultaten läge, würde ich mit dem Gedanken spielen, dieses Buch zu meinem Vermächtnis zu machen - zu meinem Geschenk an künftige Generationen, in dem meine Lehren auch in tausend Jahren noch so unverfälscht widergespiegelt würden wie am Tag der Drucklegung.

Aber mit diesem Gedanken spiele ich nicht. Es ist nicht meine Lehre, es ist die einzig WAHRE Lehre, und dies ist hier nur meine spezielle Art, diese zu verkünden.

Würden wir zum Beispiel alles schmückende Beiwerk aus diesem Buch streichen, wäre es sicher nur ein Zehntel so dick, und was dann noch drinstünde, wäre eben meine spezielle Weise, das zu sagen, was jeder andere Erleuchtete auch zu sagen hat.

Es ist nichts Persönliches. Nichts regional oder ethnisch Geprägtes. Es ist nicht die Version eines westlichen Christen im Gegensatz zu der eines Eskimoschamanen oder eines tibetischen Buddhisten. Die Sache bewegt sich nicht auf dieser Ebene.

Was wahr ist, ist wahr - und gilt für jede Region oder Kultur, für jeden Planeten, jede Galaxie und jede Dimension. Die Wahrheit ist, was sie ist, und ich bin nur ein Typ, der sie jetzt, in diesem Moment, rein zufällig in Worte kleidet.

Würde man zehn verschiedene Bücher von zehn verschiedenen Erleuchteten hernehmen und alles schmückende Beiwerk streichen, dann hätte man zehnmal das gleiche Buch. Eben den Kern der Sache.

> S.B.: Wow, das ist wirklich auf den Punkt gebracht, das muss man sich immer wieder bewusst machen, dass das ganze Drumherum nicht wichtig ist, sondern es nur um die Essenz geht.

14.04.14

Hallo Satyam,

bin gestern Abend und heute Morgen noch einmal durchgegangen wie das gestern Abend gelaufen ist. Dass Du mir das als Aufgabe mitgegeben hast, war so, als ob der Zen-Meister mir einen Haiku mitgibt. Und prompt habe ich versucht das erst mit dem Kopf zu lösen, erst beim Laufen heute Morgen hat es dann plopp gemacht, was mir zeigt, wie gefangen ich eigentlich den ganzen Tag über bin...

...es hat alles mit Macht zu tun. Es hat gestern Abend damit angefangen, dass ich die Bilder vom Feriendomizil noch sehen wollte, damit habe ich schon die Macht übernommen, wenn dann steht es so an, dass Du mir das zeigst, ich muss erstmal beweisen, dass ich ein guter Mensch bin, und zwar über einen längeren Zeitraum, bevor ich mich schon wieder ins gemachte Nest setzen will, mit dabei sein will aber nur als Beisitzer der die Energie abzockt, dem es aber letztendlich nur um Macht und Zerstörung geht.

Wie war das? - mir immer vor Augen halten, wo überall meine Täterschaft ist. Und das ging dann ungebremst weiter mit dem Laptop und dem Facebook das ich ohne auf den Flow zu achten, wieder Deine ganze Energie haben wollte. Eigentlich hattest Du schon gesagt, dass für heute Schluss ist.

Und mich hat es in dem Moment überhaupt nicht interessiert. Es ist immer die Macht des Egos, die dahintersteckt, von der ich mich dann leiten lasse und damit verbaue ich es mir jedes Mal selbst in den Flow zu gehen und in der Situation präsent zu sein.

Ich vermeide immer den Augenblick und fülle Ihn aus meinen Mechanismen heraus und entziehe mich der Realität. Ich habe das gestern Abend zu Hause und auch heute Morgen gemerkt wie das dann abgeht, und wie ich, wenn dann mal ein Moment ist wo es still wird, es sofort wieder füllen will, und dabei das ganze Leben verpasse.

Liebe Grüße
G.

R.L.: Hoppla ... unterhalb der 'lieben Grüsse' könnte auch R.L. stehen ... da sollt' ich mir mal Gedanken machen darüber, was Du, G., da beschreibst! Danke für den Impuls euch beiden, Satyam und G.

15.04.14

Das OSTERGESCHENK für den WONNEMONAT MAI...

...was ich schon immer mal über mich wissen wollte ODER mach mal Pause in der kunterbunten Realität!

Maien Retreat mit Satyam S. Kathrein & Team: 15.-20. Mai 2014
26.08.13

15.04.14

AUS DEM LEBEN EINES ZEN-NOVIZEN:

Mein Meister Konfuzius hat mich zu euch geschickt, Meister Blummsclo, um den Unterschied von persönlicher Wahrheit und Realität zu lernen... Ja, lieber Nonzens, die persönliche Wahrheit entwickelst du mit deinem Dickkopf und den Weisheitslehrern deiner Wahl, sie nähren deinen Hunger nach einem glücklichen Leben...!

Swami Nonzens: ...und die Realität?
Meister Blumenkohl: Ja mei, Nonzens, die will eh keiner haben....

16.04.14

Ich liebe ZEN & hasse NEW ZEN...

Beim echten ZEN geht es um die heiße, zielgerichtete Jagd nach Erleuchtung. Um die kürzeste Wegstrecke zwischen Schlaf und Erwachen. Ohne Regeln, ohne Zeremonien, ohne Lehrgebäude, es geht einfach nur um den dreckigen, blutigen Kampf ums Erwachen.

NEW ZEN - jene Sorte des ZEN also, die ganze Verlagshäuser und Handelsunternehmen am Leben hält - hat mit Schlafen-und-möglichst-nie-Erwachen zu tun. Klar, mit diesen Worten laufe ich Gefahr, mir den Zorn all jener Friede-Freude-Eierkuchen-Enthusiasten zuzuziehen, die glauben, ZEN sei etwas, das man sich anlesen, dann praktizieren und worin man es zur Meisterschaft bringen könnte; so, als wäre ZEN ein Hobby oder eine Religion oder eine gesellschaftliche Aktivität; als wäre ZEN etwas, das man zusätzlich zu anderen Dingen machen könnte; als ginge es beim ZEN darum, geistvoll oder geistlos oder anwesend oder still zu sein.

Wenn sie jedoch wirklich an Erwachen interessiert sind, dann sollten genau jene eingeschnappten ZEN-Freaks dankbar sein für meinen Weckruf, denn schließlich waren sie es doch, die ursprünglich eine Reise machen wollten, dann aber von der hübschen ZEN-Kusine dazu überredet wurden, auf ihren Hintern sitzen zu bleiben und nirgendwo hinzugehen.

Der entscheidende Prüfstein ist auch hier die Frage: Wie viele Erleuchtete? Ohne Wenn und Aber!

Andere Ziele und Vorzüge interessieren nicht im Geringsten! Wo ist das Fließband, an dessen Ende die vielen Erwachten stehen? Die hässliche Sorte ZEN hat welche vorzuweisen, das schmucke ZEN nicht. Fertig aus.

Meister Jed McKenna - Verflixte Erleuchtung - Edition Spuren

129

E.H.: So habe ich das noch gar nicht betrachtet, trifft aber voll zu!

M.K.: Ich spüre selbst bei mir, wie oft ich mir selbst in meinen bequemen Arsch treten muss um nicht sitzen, stehen zu bleiben und mich antreiben muss, durch meinen eigenen Dreck zu gehen, um wirklich in die Realität zu kommen. Danke für den Text! lg

16.04.14

Satyam S. Kathrein & Team:

Seit 1995 in diesen "heiligen Hallen" -
GESUNDHEITSZENTRUM - Neo Holistic Institut - Akademie für Lebensthemen-Therapie - Wellness Oase neo-holistic-institut.de
Info&Anmeldung: 089-338933 Germaniastr. 10 80802 München

www.neo-holistic-institut.de

16.04.14

Gedankenleere ist Meditation

Wenn keine Gedanken da sind, in diesem Zustand erkennen wir denjenigen, der sonst durch unsere Gedanken verdeckt wird.
Probiere es aus, dann wirst du es wissen.

Wenn die Gedanken verschwinden, erwacht die Bewusstheit zum Leben.
Halte gelegentlich inne - an jedem beliebigen Ort, zu jeder beliebigen Zeit.

Schau einfach hin und höre zu und sei ein Zeuge - beobachte die Welt und dich selbst. Denke nichts. Sei bloß Zeuge und sieh, was geschieht.

Und dann lass das Zeugesein sich ausdehnen. Lass es alle deine körperlichen und geistigen Tätigkeiten begleiten. Erlaube ihm, immer bei dir zu sein.

Wenn dieses Zeugesein da ist, hört dein Ego auf zu existieren - und du wirst sehen, wirst erkennen, wer du wirklich bist. Das Ich wird sterben und du erlangst das Selbst.

Dies ist keine Methode, die zur Befreiung führt, wenn man sie nur gelegentlich praktiziert. Sie muss ständig praktiziert werden, Tag und Nacht. Indem man das Zeugesein praktiziert, indem man sich mehr und mehr im Zustand des Zeugeseins aufhält, wird der Zustand immer stabiler und fängt an, die ganze Zeit präsent zu sein

.

Osho - Buch: Ego/Von der Illusion zur Freiheit
Allegria Verlag

20.04.14

YouTube-Video: A New Earth: Why It's So Hard to Let Go of the past

Eckhart Tolle explains the reluctance of the human mind to let go of our burdens and why it's important to learn to let go. In chapter five of ANewEarth Oprah and Eckhart Tolle explore the importance of facing our negative thoughts and feelings.

U.S.: Zu bearbeiten leider nicht mit Tolle möglich, aber Satyam Kathrein scheint hier in seinen Retreats helfen zu können

20.04.14

HAPPY EASTER aus der Mysterienschule... ♥ ♥ ♥ ♥ ♥ ♥ ♥

...Loslassen - Präsenz - Melting... 17. - 22.4.2014 Retreat mit Satyam S. Kathrein

Dallai Lamma: "Dank der Tiefsicht bis auf meinen Grund stoppe ich mein Ego-Biest und die ewige Versuchung immer die "Süße" der vernebelten Tat aus meinem Unterbewusstsein bewusst zu frönen!"

T.H.: Wer das nicht kapiert und dankbar ist für so viel Klartext steht selbst im Schatten!

D.K.: Ja, genau darum geht es und aus dem Grund bin ich hergekommen. Ich weiß genau was ich tue, in jedem Moment – und ich bescheiße alle, meine Arbeitskollegen, meine Mitbewohner, alle Menschen, nur weil ich mein Lebensthema nicht annehmen will und gerne austeile auf Grund meiner Wut und den lieben Gott am liebsten in den Arsch...

R.D.: Passend aus dem Buch Seelenheil eine Episode mit Einblicken wie man ein Retreat für sich erleben und nutzen kann:

Das Schöne an so einem Seminar ist, dass es über fünf Tage geht und wir mit dem Team im Kreise der Teilnehmer ein Energiefeld der Wahrheit erzeugen, der Realität, des genauen Hinter–die Kulissen-Blickens, des Erschauens der Chakrathemen jedes Einzelnen und dass diese geballte Atmosphäre dem Tyrannischen nur sehr wenig Möglichkeiten bietet, die Maskerade fortzusetzten.
Hier durchbricht das Sein die ihm erteilten Schranken, kommt zum Vorschein ans Licht und zeigt jetzt seine ganze Trauer des eingekerkerten Elends und Sich- nicht-Heraustrauens aus Angst. Nun endlich konnte wirklich therapeutisch aufräumend gearbeitet werden.

In diesen fünf Tagen erlernt man zusätzlich genügend Bewusstseinswerkzeuge, so dass es den Transformationsboykotteuren nicht mehr dermaßen leicht fällt, das Wahre Sein permanent zu stören oder zu unterdrücken. Mein Klient stürmte, dank dem Seminar befreit von seiner Grundthematik, während der nächsten Wochen in Veränderungen, die ihm von seinen eigenen Freunden und seiner Frau niemals zugetraut wurden.

20.04.14

THERAPIE/COACHing...

...erzeugt meist höchstens eine neue Maske - nach dem Motto: Sag mir was du von mir willst und ich erzeuge ein Alias-Verhalten - täuschend echt, aber totale Lüge und Betrug.
Selbstbetrug und Vortäuschung falscher Tatsachen um Liebe, Freundschaft, materielle Güter - Energie zu erbeuten!

Das seit der Kindheitstraumata bestimmende verletzte innere Kind bleibt der geheime Strippenzieher hinter allen Handlungen des betroffenen Menschen.

Das ist der Grund warum Therapie/Coaching in der Gesellschaft so wenig Transformation und Heilung bewirkt!

Ein namhafter Psychologe hat mal die Realität in den Raum gestellt: "Ob innerhalb oder außerhalb der Irrenanstalt ist im Grunde ein und das Selbe! Und das Schlimmste, wir Psychologen, Schamanen, Pilgerväter, Therapeuten, Pfarrer, Gurus sind alle selbst voll davon betroffen! Das ist der Kitt innerhalb unserer völlig traumatisierten Gesellschaft - die Betroffenen sind gleichzeitig auch die Täter!"

Wir meinen, dass Faschismus seit dem Ende des Krieges vorbei ist: Pustekuchen!!! Wir halten uns alle ganz geschickt über unsere Kontrolldramen gegenseitig in Schach und das Unglaublichste: Wer einmal von einem Trauma eingeschüchtert wurde steht heute als sein eigener Kerkermeister vor seinem als feiger Unterschlupf gewählten Gefängnis...

Das bedeutet, man wird vom "Rest-Ego" gesteuert, das hat einem schließlich während des Traumas das Leben gerettet! Wie soll man dann sich nicht von den über den Gedankenapparat einfließenden Befehlen des Egos steuern lassen!?

Mit Hilfe von Meditation! Nicht mit den Gedanken identifizieren! Gedankenfreie Momente erweitern!

Untadelig in jedem Moment den göttlichen Flow wählen (auch wer voll im Ego sitzt weiß immer, wie der Flow aussehen würde! Man kennt sich sein ganzes Leben!)!

J.D.: So ist es wirklich! Wenn ich mich im Spiegel betrachte und ehrlich bin, dann habe ich in mir seit meiner Kindheit ein System aufgebaut, das alle Menschen belügt und betrügt, weil ich sauer war, dass ich das, was ich als Kind haben wollte – die LIEBE von meinen Eltern - nicht so bekommen habe wie ich es wollte. Ich habe dann angefangen über die negative Schiene die Aufmerksamkeit zu bekommen, da das geklappt hat, habe ich sehr früh angefangen zu lügen, zu betrügen, meine Vorteile auszurechnen und andere Menschen schlecht zu behandeln, für meine Zwecke zu missbrauchen und zu benutzen. Die meisten Menschen habe ich mit dieser abwechselnd unterschwellig aggressiven Verhaltensweise und indem ich mich als Opfer dargestellt habe so eingeschüchtert, ein schlechtes Gewissen gemacht oder verwirrt, das sie sich selbst schuldig gefühlt haben oder es nicht merken wollten, wie abgefuckt und unmenschlich ich mich verhalte. So habe ich das System immer weiter verfeinert und immer mehr den Kontakt zu meiner Seele verloren. Je älter ich wurde, desto schlimmer wurden die Auswüchse dieses Verhaltens.

Um meinen Arsch zu retten habe ich alles was mir einmal heilig war verraten und verkauft. Und obwohl ich es weiß, wie dreckig ich mich verhalte und es nicht mehr so tun will, gebe ich mich, auch wenn nichts ist, dieser Verführung der Macht - tun und lassen zu können was ich will - einfach hin. Wenn ich heute vor einen Richter der Menschlichkeit gestellt würde, dann würde ich als Serientäter und Faschist lebenslang bekommen. Das ist die Realität der ich ins Auge schauen muss, um die winzige Chance noch in diesem Leben menschlich zu werden, überhaupt zu nutzen.

O.R.: genau so ist es auch bei mir, und ich muss mir klar machen, dass ICH mein Kerkermeister bin. Ich weiß es genau, tue aber so, als hätte ich keine Handlungsmöglichkeit. Das stimmt nicht, ich habe zu jeder Zeit alle Möglichkeiten dieser Welt. Selbst aus meinem Kerker kann ich das sehen und entscheide mich immer für den Kerker.

21.04.14

KINDER der nächsten GENERATIONEN sind nur sicher vor Missbrauch wenn jeder Mensch sich aufmacht seine Traumata als Lernaufgabe aufzulösen. Das ist unser Anliegen.

Akademie für Lebensthemen-Therapie; Info & Anmeldung: neo-holistic-institut.de 80802 München Germaniastr. 10 tel. 089-338933

22.04.14

Kleines Missverständnis...GROSSE WIRKUNG!!!

Während der traumatischen Bedingungen in der Kindheit zieht sich das authentische Sein angstvoll zurück und es entsteht ein Ersatz-Ich das hilft zu überleben - indem es die Handlungsfäden übernimmt.

Gleichzeitig findet eine Einordnung der Erfahrungen statt, die zu neuen Leitsätzen (Handlungsimpulsen) führt. Diese Einordnung macht man nun mit dem Bewusstsein eines Kindes, hält sich aber ein Leben lang penibel daran! Warum?
Weil die damalige unendliche Angst während der Traumatisierung immer noch voll in den Gliedern/Knochen steckt und so eine Neu-Einordnung im jetzigen Erwachsenen-Alter unmöglich macht, weil sofort die alte Angst das komplette menschliche System überflutet und dabei jegliches Bewusstsein ausschaltet! Mann/Frau denkt und handelt noch im selben Augenblick nach den alten Richtlinien!

Was eben noch an spirituellem Wissen abrufbar, als menschlicher Wert den Menschen anleitete wird plötzlich komplett ausgeschaltet und der Mensch hat über Jahrzehnte darüber keine bewusste Handlungsmacht, wird "böse" - bis es ihm dämmert und er über diese Bewusstwerdung den alten Handlungsimpuls überbrücken kann, um endlich zu seinem inneren Buddha vordringen zu können...

Das ist die Wandlung vom Saulus zum Paulus...der Phönix erhebt sich aus der Asche... Glückwunsch ♥ ♥ ♥ Ein Retreat das sich für die Teilnehmer lohnte! Alles Gute, der geheiligte Kreuzweg entlässt seine erwachsenen, erwachten Kinder - nun endlich Lichtbringer!

Halleluja ♥ Satyam

24.04.14

OSTER-RETREAT: Nachlese...

Nach dem Motto "Erhöhe Deine Lebensenergie" kam auch schon der Osterhase gerannt um uns farbenfroh Aufzumuntern (siehe Bild)!

Begeisterung, Lebensfreude pur entfachte das österliche Programm... Sonnenschein und ein Traum von Frühlingsblumen, Kraftplatz, Verbindung mit dem göttlichen Flow...

...und wer noch etwas fade oder schmerzkörper-trauerklossig beieinander war pilgerte (mit dem Auto natürlich) an den gewaltigen Kraftplatz in unserer Nähe, zur Schwarzen Madonna, dem Wallfahrtsort Altötting um mit der universellen Kraft sein Gelübte auszutandeln...

Für angetörnte: Das Maien-Retreat 15.-20. Mai 2014

G.B.: Ich war mit dabei und es war eine Beseelung! Ich konnte in meine noch unaufgeräumten Ecken wirklich tief zu schauen und durch die Bewusstwerdung sie endlich Stück für Stück in die Veränderung bringen und mich mit neuem Mut stärken, um neue Wege und Schritte zu wagen! Danke Liebe Grüße G.

H.N.: So langsam erfahre ich den Unterschied und merke, dass es sich um einen Irrtum handelt. Ich habe immer gedacht, ich müsste selbstbewusst sein und habe mich doch irgendwie gewundert, warum ich darin keine Erfüllung finde. Vielen Dank für den Text

24.04.14

Carlos Castaneda:

Autor vieler Bücher über den "Weg der Einweihung", Carlos Castaneda:

DON JUAN MATUS - Meister der Tolteken-Schamanen unterweist seinen Zauberlehrling Carlos Castaneda...

Das Selbstvertrauen des Kriegers ist nicht das Selbstvertrauen des Durchschnittsmenschen. Der Durchschnittsmensch strebt nach Bestätigung in den Augen des außenstehenden Betrachters und nennt dies

Selbstvertrauen. Der Krieger strebt nach Makellosigkeit in seinen eigenen Augen und nennt dies Bescheidenheit. Selbstvertrauen setzt voraus, dass man etwas mit Sicherheit weiß; Demut setzt voraus, dass man in seinen Gedanken, Taten und Gefühlen makellos ist.

Lass Dich nicht dauernd so gehen, in die Angst, wenn ein Gedanke Dich ablenkt.

Sammle genügend Energie in Deinem Wahren Sein an, damit Du der "Süße" eines Handelns aus dem Ego widerstehst!

Nimm Dich nicht so wichtig...

24.04.14

YouTube-Video: ein ganz normaler Tag in Riemer Arcarden in München bis das passierte...

...mir ham a amoi epps ähnlichs probiert: kuckst Du! ☺

YouTube-Video: HARLEM SHAKE spiritual

27.04.^4

Einladung zum Maien-Retreat
THERAPIE & COACHing & MEDITATION

...Ein GESCHENK für mich, im WONNEMONAT MAI...
...was ich schon immer mal über mich wissen wollte
ODER mach´ mal Pause in der kunterbunten Realität!

 IT Manager Frank Kühne schreibt:

In den Seminaren bei Herrn Kathrein habe ich Erkenntnisse und
Erfahrungen gesammelt, die mir einen ganz neuen Blick auf mein Leben
eröffnet haben. Als IT-Manager, der immer hinter den neusten Trends her
ist und permanent die Gefahr des Hamsterrades im Nacken spürt, bin ich
vor einiger Zeit mitten im Burnout gelandet und habe darin fast ein Jahr
festgesteckt. Alle möglichen Behandlungen und Auszeiten haben nicht
geholfen an die Ursache heranzukommen.
Erst durch das im Coaching und im Seminar von Herrn Kathrein vermittelte
Wissen und die Erkenntnis meiner Lebensthematiken, der damit
verbundenen Eigenverantwortung, haben mir geholfen aus meinen
Burnout-Mechanismen auszusteigen. Heute mache ich meinen Job mit viel
mehr Leichtigkeit und Souveränität und bin so glücklich wie noch nie in
meinem Leben (auch privat). DANKE

29.04.14

Die Liebe ist eine Leiter.

Sie beginnt bei einem Menschen und endet mit dem Ganzen.
Liebe ist der Anfang und Gott ist das Ende.
Wer vor der Liebe Angst hat, vor den Wachstumsschmerzen der Liebe, der
lebt wie in eine dunkle Zelle eingesperrt.
Die Menschen von heute leben in einer dunklen Zelle; sie sind narzisstisch.

Der Narzissmus ist die größte Neurose der heutigen Psyche.

Und dann treten Probleme auf, sinnlose Probleme. Es gibt Probleme, die kreativ sind, weil sie dich zu einem höheren Bewusstsein führen. Aber es gibt auch Probleme, die dich nirgendwo hinführen; sie halten dich nur in Fesseln, sie halten dich nur gefangen in deinem alten Schlamassel.

OSHO Buch Ego S. 450 Heyne

28.04.14

YouTube-Video: Auf dem Weg nach Hause... mit Satyam S. Kathrein

Wir sind alle auf dem Weg nach Hause und ab und zu dankbar für etwas Inspiration. Der Zen-Meister alter Schule und neuer Art Satyam S. Kathrein erläutert den Unterschied zwischen spirituellem Erwachen und esoterischem Trösten.

K.P.: Die Gegenwart des Meisters

„In der Verbindung mit einem Meister wirst du nackt und hilflos. Alles, was du sorgfältig verpackt und versteckt hast, wird an die Oberfläche gespült.

Es ist wie ein Blick in den Spiegel, der dir schonungslos zeigt, an was du noch glaubst. Und es ist Liebe. Viel mehr als du es dir im Moment vielleicht vorzustellen vermagst.

In deiner Nacktheit liegt Schönheit. In deiner Liebe zum Meister wird diese zum Vorschein kommen. Je mehr du ihn liebst, desto näher kommst du dir selbst. So nah, dass du eines Tages keinen Unterschied mehr sehen kannst. Mein und Dein lösen sich auf. Trennung wird zur Illusion. Der Meister und du - ihr seid EINS. Sein Tanz und dein Tanz sind derselbe. Sein Herz und dein Herz singen dieselbe Melodie." Mataji

30.04.14

...Geld oder Wahrheit...das ist die Frage...

Es ist die alte Frage: Haushälter oder Einsiedler. Jeder, der vorhat, Erleuchtung für die breite Masse neu zu verpacken, muss bei seinen Kunden zunächst einmal die Illusion erzeugen, die Erleuchtung sei in greifbarer Nähe. Es mag ja der Wahrheit entsprechen, dass man für die Wahrheit alles hingeben muss, aber die Wahrheit ist nicht gut fürs Portemonnaie. Bei der kommerziellen Variante kostet die Wahrheit nur so viel, dass du sie dir problemlos leisten kannst....

Ich bin auf diesem Gebiet alles andere als naiv. Ich weiß genau, dass die Verleger von Büchern und Zeitschriften nicht aus der Erleuchtungsszene stammen. Ihr Job ist es, Bücher und Zeitschriften zu verkaufen, nicht etwa die Wahrheit, und sie wissen, dass der Suchende gern dafür bezahlt, dass man ihm – dem gesunden Menschenverstand zum Trotz – versichert, er könne aufwachen und zugleich weiterträumen.
So sieht es heutzutage mit dem spirituellen Schrifttum aus, ja mit der ganzen heutigen Spiritualität, und das eigentlich nur, weil das Ego einfach alles tut, um zu überleben...

Jed McKenna – Verflixte Erleuchtung

Wenn der ZEN-Meister wie Jesus den Marktplatz fegt +++ Klartext & Coaching = Freiheit

Verlage dienen meist weder der Wahrheit, der Realität, noch Gott! +++ Es zählt nur der schnöde Mammon!

Literaturverzeichnis:

Abdi Assadi – Schatten auf dem Pfad, Kamphausen-Verlag 2011
Carlos Castaneda – Der Ring der Kraft, Fischer-Verlag, 1976
Carlos Castaneda – Reise nach Ixtlan, Fischer-Verlag, 1976
Johnny Dee – Der ZEN-PIRAT, Ullstein-Verlag, 2013
Jed McKenna – Verflixte Erleuchtung, Edition Spuren Verlag, 2004
Jed McKenna – Spirituell unkorrkete Erleuchtung, Omega-Verlag, 2005
Jed McKenna – Spirituelle Dissonanz, Omega-Verlag, 2008
Satyam S. Kathrein – SEELENHEIL - Erlösung der Lebensthemen, BOD-Verlag, 2014
Satyam S. Kathrein – Ego-Check ...jetzt ist alles möglich, BoD-Verlag, 2008
Satyam S. Kathrein – Leben wie ein Buddha, Ullstein Verlag, 2007
Osho – Das Buch der Geheimnisse, arkana-Verlag, 2009
Osho – Das Buch vom Ego, Allegria-Verlag, 2004
Osho – Mut, Lebe wild und gefährlich, Allegria-Verlag, 2004
Don Miguel Ruiz – Die vier Versprechen, Ullstein-Verlag, 2006
Eckhart Tolle – Jetzt! Die Kraft der Gegenwart, Kamphausen-Verlag, 2009
Eckhart Tolle – Eine neue Erde: Bewusstseinssprung anstelle von Selbstzerstörung, arkana-Verlag, 2005
Neale Donald Walsch – Gespräche mit Gott, arkana-Verlag, 2000
Chuck Spezzano - Emotionale Reife; Verlag Via Nova. 2014

Knack den Ego-Code
mit der Lebensthementherapie

Der Therapeut erarbeitet mit dem Klienten die Hintergründe seiner Traumaprägung. Die Lebensthementherapie wird hierfür in einer ca. einstündigen Einzelsitzungen angewandt. Anhand der herauskristallisierten Lebensthematik zeigt sich in relativ kurzer Zeit der rote Faden der darin liegenden Aufgabe zur Wandlung. Der Klient begreift sein Schicksal als Herausforderung, den Sinn seines Lebens als Transformation seiner Lebensthemen, eine Erweiterung seines Bewusstseins.

Um das Verstandene langfristig zu integrieren, sei hier das Retreat zum Buch empfohlen: Ego-Check …jetzt ist alles möglich!

Info & Anmeldung: www.neo-holistic-institut.de (siehe Seite 212)

Das Buch: Ego-Check … jetzt ist alles möglich!

Dank dem Fragenkatalog zur Selbstbestimmung ebnet sich der Weg zur Heilung in 10 Schritten. Wir erschaffen wonach wir streben, Gesundheit, Liebe, Freundschaft, Berufung und Glück.

Dieses Buch handelt von dem, was uns alle betrifft; dem Finden und Verankern in einem freudigen und glücklichen Alltag.

Es zeigt die Loslösung von der Trauma-Vergangenheit und ihren Konsequenzen, einem gewachsenen Ego, der inneren Aufspaltung vom verletzten inneren Kind, dem kleinen Tyrannen und dem inneren Tabernakel, wo Traumata von Trauer und Schmerz beheimatet sind.

Es inspiriert zur Veränderung, der Transformation von ehemals schmerzvollen Erfahrungen in ein erhöhtes Bewusstsein.

Das Programm der Akademie

Die Quantensprung Seminare & Retreats

Ein kompakter therapeutischer Prozess, der Ego-Check, führt in die Erlösung der Lebensthemen und darüber hinaus! Mit dem Verstehen, Erkennen und Aufarbeiten der persönlichen Vergangenheit und Gegenwart kann Heilung auf der Körper-, Psyche- und Seelenebene geschehen. Die Bewusstseinsentwicklung, die jede Seele in diesem Erdenleben über die spezifischen Lebensthemen vorwärts schreiten möchte, wird sichtbar. Aktiv wird der bewusste Mensch von diesem Moment an in das Geschehen eingreifen. Mit den in den Seminaren erlernten Bewusstseinswerkzeugen kann man den eigenen Lebensweg sprichwörtlich in neue Bahnen lenken. Egal, woher ich aufbreche, in meinen individuellen Quantensprüngen gewinne ich den Schlüssel zu – Liebe, Gesundheit, Berufung und Glück …!

I. Teil: Ego-Check … jetzt ist alles möglich! Retreat

Ego-Check … jetzt ist alles möglich! Retreat
Sinn und Zweck meiner Traumata? Wie bleibe ich bewusst auf der Spur meines Bewusstseins? Wie kann ich in meinem System alle Ecken und Winkel erkunden, um nicht immer wieder an den alten Prägungs-mechanismen zu scheitern?
Diese Fragen und vieles mehr klären wir in diesem Seminar. Dem Teilnehmer eröffnet sich seine persönliche Chance für einen erfolgreichen Quantensprung in die Bewusstseinsebene, die seine Lebensthemen vorschreiben.
Das an Traumata erstarkte Seelensein, das wahre Sein, übernimmt mithilfe der angebotenen Bewusstseinswerkzeuge die Chefrolle im System Mensch. Jetzt führen freie Entscheidungen in das, was wir uns wünschen: Glück, Liebe, Freiheit und Berufung!

In diesem Retreat bewegen wir uns mit Spiel, Spaß und Spannung durch unsere Lebensthemen. Verschiedene Werkzeuge sowie praktische Übungen, Bewusstseinsarbeit, therapeutische Einsicht, Kraftplatz- und Energie-Meditationen bringen uns in die Begegnung mit dem, was uns noch festhält. Wir kommen mit unserer innersten Wahrheit in Kontakt und schaffen den lange ersehnten Durchbruch. In einer Vision-Quest gelingt es, Ziele herauszukristallisieren, die ab sofort auf Umsetzung drängen. Jeder Teilnehmer erarbeitet sich während des Retreats eine Mappe, die ihm für die nächsten Monate als *Roadmap* dient.

Das fünftägige Retreat findet in regelmäßigen Abständen in einem Tagungshotel auf dem Lande statt.

II. Teil: Transformation der Lebensthemen

Das Seminar zur Lebensthementherapie
Für Fortgeschrittene, die im *zweiten Teil der Quantensprung-Seminare*, nach dem ersten erfolgreichen Ego-Check und den bearbeiteten Chakra-Themen, ihre weiteren Lebensthemen aufspüren und sie in die Erlösung schicken.
Dank der Transformation in neue Entscheidungen und Handlungsweisen, optimaler Klarsicht und dem erworbenen Mut auf mehr Kulissenschau in *Teil 1. – der Quantensprungseminare* und der damit gewonnenen Auseinandersetzungen mit den inneren und äußeren Instanzen, aber auch erneuter Leidensdruck oder einfach nur erwachte Abenteuerlust erzeugen im Menschen die Energie, die gebraucht wird, um Großes, das endgültig erlöste Sein, zu vollbringen. Angestachelt von Erfahrungen und Erzählungen, Geschichten, die das Buch beschreibt, derer, die es geschafft haben, und inspiriert in Einzelsitzungen wählt der angehende Meister seines Lebensweges eine nächste Herausforderung, die *Transformation der Lebensthemen!*
Es geht um **Ihr persönliches Thema im Leben**, das es letzten Endes zu bearbeiten gilt! Das ist der Hintergrund für die Geschehnisse auf Ihrer

Lebensbühne, das Buch, das Sie gerade lesen, und für dieses Seminar!
Finden Sie Ihr wesentliches Thema!

Tief in Ihnen schlummert das Wissen um die Aufgabe, die Sie sich für dieses Leben vorgenommen haben, die sich daraus ergibt. Und damit auch die Chance, sie jetzt zu lösen, damit Ihre Seele einen weiteren großen Entwicklungsschritt gehen kann und Sie Ihr Glück, das Paradies auf dieser Welt, erschaffen, nach dem Sie sich schon so lange sehnen. Alles, was Ihnen im Alltag und den Etappen Ihrer Biographie begegnet, weist Sie auf diese Lebensaufgabe hin. Wir entwickeln und bauen uns die Gunst des Schicksals und erfüllen dank der befreiten Kraft der erlösten Lebensthemen sämtliche Wünsche und Träume!

Das Schicksal eines Menschen ist verknüpft mit der gewählten Lebensthematik. Alles, was uns im Leben widerfährt, möchte uns dazu auffordern, unsere Lebensthemen zu erkennen. Probleme, Krankheit und Leid zeigen uns spiegelbildlich, wie wichtig es ist, die Lebensreise zu erforschen!
Die lebensthemengemäße Wahl der Eltern, Umstände und der Zeitschiene führt innerhalb des Lebensthemenspannungsbogens über den Überlebensmechanismus in die Dreifaltigkeit, Personamaske, Wahres Sein und innerer Tyrann, der, seinem Heimzahlungsnimbus folgend, dem wirklichen Leben ein Schnippchen schlägt. Erst das Erkennen und bewusste Bearbeiten der Lebensthemen erlöst uns aus dem tödlichen Kreislauf tyrannischer Machtspiele, die uns wie seltsam aufgehängte Puppen an den Fäden der Lebensthemen auf den Abgrund oder die Erlösung zusteuern lassen!
Das Seminar **Transformation der Lebensthemen** wird Ihnen helfen, die Wahrheit über Ihren persönlichen Lebensweg herauszufinden. Lassen Sie sich jetzt darauf ein, setzen Sie durch Ihren Mut einen Umwandlungsprozess in Gang, der Sie schnell zur *Erlösung Ihrer Schwierigkeiten* führt!

Der nun erreichbare Zustand von Gesundheit, Glück, Liebe und die Gewissheit des *Eins-Seins mit der göttlichen Schöpferkraft* bringt Sie in Kontakt mit dem göttlichen Füllhorn, das im Zusammenspiel mit Ihrem befreiten Wahren Sein die größten Wünsche mühelos erfüllt, es geleitet

Sie in die höchste Bewusstseinsetage, die *Berufung und Vision Ihrer Seele, die Buddha-Natur!!!*

Das fünftägige Seminar findet in regelmäßigen Abständen in einem Tagungshotel auf dem Lande statt.

III. Teil: Die Buddha-Natur – Quelle des Seins, wir erschaffen, was wir sind!

Der Schlüssel der Bewusstheit öffnet das Schloss in die Buddha-Natur, ein Seminar, in dem wir das Unglaubliche, das Unfassbare möglich machen!
Der Fokus liegt auf der Erlösung der Restlebensthemen, dem Experimentieren mit Meditation und dem Halten dieses Zustandes über vierundzwanzig Stunden am Tag, dem Sprung vom Verstand in das göttliche Sein.

Spirituelles Ego, Personamasken und jegliches tyrannische Verhalten wird aufgespürt und in Verstehen und Liebe umgemünzt, lose Enden des Prozesses integriert. Der plappernde Verstand ergibt sich in die Stille der Meditation.
Das Erlernen diverser weiterer Bewusstseinswerkzeuge und das damit mögliche Halten der Energie und Aufsteigen in die Buddha-Ebene bringt den weiteren Durchbruch in die höchste Bewusstseinsklasse. Satori-Erlebnisse ebnen den Weg in die Buddha-Natur.

Gleichzeitig bemühen wir uns mit größter Achtsamkeit, den Bewussten Beobachter deckungsgleich mit dem Wahren Sein auf Dunkle-Flecken-Suche auszuschicken.
Die nächsten Wochen und Monate wird sich das totale Bewusstsein erweisen. In Nachfolgetreffen und Retreats wird mithilfe aller Bewusst-werdungswerkzeuge gegenseitiges Aufdecken von Unreife anvisiert. Im Bewusstseinskreis aller Teilnehmer erlöst das Bewusstsein auf dieser hohen Energieebene weitere Schatten des spirituellen Egos. Im täglichen Umgang wird, ob in Beruf oder der Berufung, in Freundeskreis, Partner-schaft und der Wahlfamilie, nichts anderes gelebt als die höchsten Werte,

die man verwirklichen möchte. Bei Fehlhandlungen kann durch eine bewusste neue Entscheidung und das disziplinierte Halten der Energieebene nächstes Abrutschen vermieden werden. Es geht im Umfeld und für jeden individuell nicht um Sieg oder Niederlage, sondern um Bewusstseinsarbeit!

Wir sind als »Götter« geboren und können nun, nach der Erlösung der letzten Lebensthemen auf der Evolutionsspirale, unsere Göttlichkeit tatsächlich erfahren! Jetzt beginnt ein nächster Schritt in die Berufung! Die Werte einer erlösten Seele und das meisterliche Sein wirken automatisch im morphogenetischen Umfeld für die Genesung und Auferstehung weiterer Seelen.

In diesem Seminar können die Teilnehmer im Zusammenspiel und unter der Anleitung des spirituellen, meisterlichen Therapeuten mit dem wichtigsten Quantensprung ihrer Seelenreise experimentieren, dem Schritt in die eigene *Buddha-Natur!*

Das fünftägige Seminar findet in regelmäßigen Abständen in einem Tagungshotel auf dem Lande statt.

Alle Seminare werden gehalten von Satyam S. Kathrein und seinem Team!

Nachfolgetreffen und Retreats

In regelmäßigen Abständen lädt das Neo Holistic Institut die Teilnehmer der Quantensprung-Seminarreihe ein, ihren Status quo zu überprüfen. In Gesprächen, Übungen und Meditationen versuchen wir aufkommende Fehlentwicklung aufzuspüren und in einem Miteinander-Einstimmen für einander Lösungen und richtungsweisende Hilfsmittel zu erarbeiten.
Vor allem dienen diese Zusammenkünfte dafür, die Freiheit des Wahren Seins in der Meditation zu vertiefen. Es ist wie ein vertrauensvolles Schweben und aufgehoben sein im göttlichen Reigen. Ab einem bestimmten Entwicklungsgrad ist die Meditation voll integrierter

Bestandteil des Alltags und die absolute Wachheit des Bewusstseins ein dauerhafter Zustand.

Die Seelen erblühen und teilen mit den anderen Teilnehmern ihre Eingebungen, Ideen und Vorhaben. In diesem synergetischen Kreis finden wir Unterstützung und Gleichgesinnte um unsere Taten zu vollbringen.

Diese Wochenend-Retreats halten Satyam S. Kathrein und sein Team in regelmäßigen Abständen in einem Tagungshotel auf dem Lande.

Therapiesitzungen

Satyam S. Kathrein und sein Team geben Einzelsitzungen in der *Lebensthementherapie*. Aufarbeitung der Lebensthemen bieten wir für Einzelpersonen, in der Partnerschaftsberatung, der Familientherapie, Hilfe für Kinder aller Altersstufen und auch im Bereich des Firmen- und Management-Coaching. Themenorientiertes Auflösen von Krankheits-symptomen auf der Körper-, Psyche- und Seelenebene, bei Mobbing, in Lebenskrisen und der Berufungs-, Visionssuche sind feste Bestandteile der Lebensthementherapie.

Die Lebensthementherapie: Ausbildung zum Therapeuten

Wir bieten Schulungsseminare für die Ausbildung zum Therapeuten der *Lebensthementherapie* an, außerdem die Weiterbildung von Psychologen, Psychotherapeuten und Körpertherapeuten.

Für weitere Informationen wenden Sie sich bitte an unser Münchner Stammhaus (Adresse siehe Seite 212): *Neo Holistic Institut – Zentrum für Gesundheit und Bewusstsein*

Die Quantensprung-Seminare: Ausbildung zum Seminarleiter

Für geschulte Therapeuten in der Methode der *Lebensthementherapie* bieten wir als Weiteres die Ausbildung zum Seminarleiter für *die Quantensprung-Seminare* an.

Für weitere Informationen wenden Sie sich bitte ebenso an unser Münchner Stammhaus (Adresse siehe Seite 212): *Neo Holistic Institut – Zentrum für Gesundheit und Bewusstsein*

Der Forschungskreis: Aufbruch ins Goldene Zeitalter – der Neue Mensch!

Satyam S. Kathrein ist Initiator und Teilnehmer an dem Forschungskreis, kompetente Kollegen aus allen Sparten der Gesellschaft erarbeiten neue tragfähige Modelle des miteinander Seins für eine lebenswerte Zukunft in Europa und für alle Erdenbürger.

Ob Stiftungen, Einzelpersonen oder politische Einsicht, viele Menschen unterstützen dieses Tun aus demselben Grund, wir haben keine andere Chance! Nur das Bündeln und die Mobilisierung aller Kräfte, ohne politisches Kalkül, hilft uns, in eine lebenswertere Zukunft aufzubrechen. Wir brauchen viele Enklaven voll experimentierfreudiger Menschen, die versuchen, zeitgerechte Modelle für alle Ebenen der Gesellschaft zu entwickeln. Der Zustand auf Erden fordert uns geradezu heraus, Neues zu testen.

Vernageltes Sicherheitsdenken und ein altgedientes, evolutionär nicht weiter tragbares Anhäufen und Hamstern von Ressourcen und finanziellen Mitteln hört dank der *Erlösung der Lebensthemen* endlich auf. Ein Mensch kann nach dem Tod nichts Materielles mitnehmen, nur die Bewusstseinsentwicklung ist der Gewinn seiner Seele. Alle Religionen werden zur simplen Wahrheit und Realität zurückkehren, **Wir sind alle Eins!** Der Kampf der Seelenfänger hat ein Ende. Gott ist Liebe, wir alle sind

Liebe, und das werden wir nach der Transformation unserer Lebensthemen unweigerlich zeigen!

Arbeits- & Lebensgemeinschaft für innovative Schulung

Das Team vom Neo Holistic Institut gründet eine Interessensgruppe und arbeitet mit diesen Gleichgesinnten an der Umsetzung einer *Enklave der Wahrheit, der Realität – gelebter Paradigmenwechsel der äußeren und inneren Werte* in Form eines Zentrums mit Seminarbetrieb, einem Schulungshotel, mit Kuraufenthalt für Transformation und Meditation, ein Platz, an dem Neues erprobt, Gemeinschaft erlebt und Schulungen für viele Bereiche der Gesellschaft vorbereitet und durchgeführt werden. Das Herzstück ist dabei immer die Aufarbeitung der eigenen Thematik, *die Erlösung der Lebensthemen!*

CHAKRA YOGA Gymnastik & Meditation
GYMNATION©

+ HOTSPOT + NEW YORK meets KATHMANDU + GYM & MED +

CHAKRA YOGA - verbindet die Heilkraft von Gymnastik, die Chakra Yoga Übungen für die Energiezentralen der Chakren, mit der entspannenden Wohltat einer Meditation. Jetzt entsteht ein gesunder Einklang im kompletten Körper-Geist- Seele-System.

In diesem neuen Fitnessprogramm treffen die wichtigsten Komponenten für eine Entschleunigung und Stärkung aufeinander, exakt abgestimmt, um unseren actionreichen Zeitgeist im stimmigen Flow zu halten.

Ob Sie nun die Selbstanwendung mit Buch und Begleitmusik (Digitales Album, mp3 oder CD) für sich alleine wählen, oder die Gruppensituation im Fitnessstudio lieben, liegt wohl im individuellen Tagesbedürfnis.

CHAKRA YOGA Gymnastik & Meditation GYMNATION©. Leichte sportliche Bewegungen, gepaart mit anschließender Ruhephase, bringen den Menschen in eine optimale Voraussetzung für die Erlösung seiner Lebensthemen! Gedankliche Stille in Meditation versetzt der Eingebung, der Intuition, einen kleinen Schubs, den sie braucht, um dem Suchenden ein Licht auf seinem Weg zu sein.

Die neuen CHAKRA YOGA Gymnastik & Meditations- Übungen sind eine wunderbare Möglichkeit, über die Gymnastik in die Energiearbeit einzusteigen, damit den Schlüssel für Meditation in der Hand, die Reise zu sich selbst zu starten!

Die 7 verschiedenen Gymnastikübungen aktivieren und harmonisieren das Chakren-System. Die Chakren sind unsere feinstofflichen Energiezentren. Der Name kommt aus dem Sanskrit und steht für Kreis oder Rad. In der Tat handelt es sich um kleine, in ganz unterschiedlichen Frequenzen schwingende Energiewirbel, durch die wir Energie entweder aufnehmen oder abgeben. Die Chakren dienen uns als Verteilerstellen der Energie für die Körper-, Psyche- und Seelenebene. Die sieben Chakren sitzen zwischen Damm und Scheitel in einer gedachten geraden Linie entlang der Wirbelsäule im Ätherkörper. Jedem Chakra ist hier eine Übung zugeordnet; sie besteht aus folgenden Teilen: Gymnastik, Summen und

Farbvisualisierung.

Die Gymnastik ist für Jedermann/Frau und alle Altersstufen geeignet! Mit diesen Übungen stärken wir sämtliche Körperpartien; die Lebensenergie fließt frei, vital und frisch! Mit dem erhöhten Kraftpotenzial enträtseln wir unsere Alltagsprobleme, Erlösen die Lebensthemen. Die achte Übung dient unserer Aura zum Schutz und zur Stärkung. Nach den Gymnastikübungen setzt man sich bequem in einen meditativen Sitz und spürt im zweiten Teil der Heilklänge (ab Stück 9 auf dem Digitalen mp3 Album oder der CD), wie die soeben aufgebaute Vitalkraft frei im Körner fließt. Gleichzeitig lernt man abzuschalten und in Gedankenstille eine meditative Pause einzulegen.

POWER-REIKI: Ausbildungskurse in der tibetischen Energie-Medizin

Die tibetische Energie-Medizin: POWER REIKI – die universale Lebenskraft

Die POWER-REIKI-Energie-Medizin wurde vor einigen Jahrhunderten in den Klöstern Tibets von den Medizinlamas entwickelt. Sie war ein fester Bestandteil des Medizinrades, des tibetischen Gesundheitswesens. Der Urgedanke der buddhistischen Mönche war, den einfachen Menschen ihres Landes, dem zerklüfteten Hochland Tibet, ein Instrument der Heilung in die Hand zu geben, das einfach und schnell zu erlernen ist. In der Mitte des *19. Jahrhunderts* stieß der Japaner Dr. Mikao Usui bei seinen Recherchen zur Energieheilung auf diese alte Methode. Er meditierte lange darüber, wie das Wissen in einer auch für uns verständlichen Form zur Anwendung gebracht werden könnte. Er entwarf das komplette Behandlungs- und Ausbildungssystem, das auch heute noch in dieser Art und Weise gelehrt wird.

Anschrift – Info – Anmeldung

NEO HOLISTIC INSTITUT
Akademie für Lebensthementherapie
Zentrum für Gesundheit und Bewusstsein
Germaniastr. 10
80802 München
Tel. 0 89-33 89 33

Alle Seminartermine und aktuelle News:
Internet: Neo-Holistic-Institut.de
Facebook: Satyam Kathrein / Don Satyam
Videos YouTube: Satyam S. Kathrein

Fragen und Antworten:
E-Mail: SatyamKathrein@hotmail.com

Bücher von Satyam S. Kathrein

REIKI - Mehr Energie, Gesundheit und Wohlbefinden durch die heilende Kraft der Hände, Randomhouse/Bertelsmann/Mosaik-Verlag, 1997

Das Reiki-Praxisbuch, die 7 tibetischen Reiki-Übungen, Randomhouse/Bertelsmann/Mosaik-Verlag, 2001

Die Erlösung der Lebensthemen, Erkennen Sie Ihr wahres Sein, Econ-Verlag, 2002

Erlösung der Lebensthemen, Der Schlüssel zu Liebe Gesundheit und Glück, Ullstein-Verlag, 2004

Reiki-Therapie, Sanfte Heilmethoden, Ullstein-Verlag, 2006

GYMNATION - Gymnastik & Meditation, Die sanfte Fitness, Allegria-Verlag, 2006

Leben wie ein Buddha, Vom alltäglichen Umgang mit dem Erleuchtungsweg, Ullstein Verlag, 2007

Ego-Crash - Knack den Ego-Code, Allegria-Verlag, 2008

Don Satyam Kathrein: Facebook Satsang = Klartext, BoD Verlag 2013, ISBN 978 37322 93506

SEELENHEIL - Erlösung der Lebensthemen, BOD Verlag 2014, ISBN: 978 37322 96767

POWER-REIKI Tibet Energie Medizin, BOD Verlag 2014, ISBN: 978 37322 97672

CHAKRA YOGA Gymnastik & Meditation GYMNATION©, BOD Verlag
2014, ISBN: 978 37322 98341

Ego-Check …jetzt ist alles möglich! BOD-Verlag 2014,
ISBN 978 37357 84650

BUDDHA-NATUR Schritt für Schritt , BOD-Verlag 2014,
ISBN 978 37357 85961

BUDDHA-NATUR Die Meisterschaft , BOD-Verlag 2014,
ISBN 978 37357 86449

**Wir Kinder sind Seelenwanderer - Die Eltern/Kind Fibel
KNOW HOW für gesundes Miteinander!** BoD-Verlag 2014,
ISBN: 978 37357 88337

Don Satyam Kathrein: SATSANG: …to go!, BoD Verlag 2014, ISBN 978
37357 19096

Don Satyam Kathrein: Facebook Satsang = Klartext
BoD Verlag 2013, ISBN 978 37322 93506

SEELENHEIL - Erlösung der Lebensthemen
BOD Verlag 2014, ISBN: 978 37322 96767

Ego-Check …jetzt ist alles möglich!
BOD-Verlag 2014, ISBN 978 37357 84650

POWER-REIKI Tibet Energie Medizin

BOD Verlag 2014, ISBN: 978 37322 97672

CHAKRA YOGA Gymnastik & Meditation GYMNATION©
BOD Verlag 2014, ISBN: 978 37322 98341

+ HOTSPOT + NEW YORK meets KATHMANDU + GYM & MED +

Satyam S. Kathrein

BUDDHA-NATUR
Schritt für Schritt

Vom alltäglichen Umgang mit dem Erleuchtungsweg

BUDDHA-NATUR Die Meisterschaft
BOD-Verlag 2014, ISBN 978 37357 86449

WIR KINDER SIND SEELENWANDERER - Die Eltern/Kind-Fibel

BOD-Verlag 2014, ISBN 978 37357 88337

NEU: Die Eltern/Kind-Fibel
KNOW-HOW für ein gesundes Miteinander!

WIR KINDER SIND SEELENWANDERER

Satyam S. Kathrein

Don Satyam Kathrein: Satsang: …to go!
BoD Verlag 2013, ISBN ISBN 978 37357 19096